Heinrich Böll 1952

1959 Großer Kunstpreis des Landes Nordrhein-Westfalen. *Billard um halbzehn* (Roman).
1960 Für *Billard um halbzehn* Charles-Veillon-Preis des Schweizer Industriellen Veillon, der seit 1953 auch an einen Roman in deutscher Sprache verliehen wird. Tod des Vaters. Zweite Wuppertaler Rede: *Wie Kunst entsteht*.
1961 Literaturpreis der Stadt Köln. Stipendiat der Villa Massimo (Rom). *Erzählungen, Hörspiele, Aufsätze*. Uraufführung des Theaterstücks *Ein Schluck Erde* im Schauspielhaus Düsseldorf.
1962 Erste Reise in die Sowjetunion. *Als der Krieg ausbrach, Als der Krieg zu Ende war* (Erzählungen).
1963 Längerer Irlandaufenthalt. *Ansichten eines Clowns* (Roman).
1964 Gastdozentur für Poetik an der Johann-Wolfgang-Goethe-Universität in Frankfurt (Sommersemester). *Entfernung von der Truppe* (Erzählung).
1965 Literaturpreis Premio d'isola d'Elba.
1966 Reisen nach Irland, Frankreich, Holland, Belgien, in die Sowjetunion und in die DDR. Premio Calabria (Literaturpreis). Dritte Wuppertaler Rede: *Die Freiheit der Kunst, Ende einer Dienstfahrt* (Erzählung), *Frankfurter Vorlesungen* (Buchausgabe).
1967 Preis des Internationalen Wettbewerbs für humoristische Kurzgeschichten (Bulgarien). Georg-Büchner-Preis der Deutschen Akademie für Sprache und Dichtung (Rede: *Georg Büchners Gegenwärtigkeit*). *Aufsätze, Kritiken, Reden*.
1968 Reden gegen die Notstandsgesetze. Aufenthalt in Prag während des Truppeneinmarschs der sowjetischen Besatzer.
1969 Rede bei der Gründungsversammlung des Verbandes deutscher Schriftsteller (*Ende der Bescheidenheit*). *Hausfriedensbruch* (Hörspiel).

Inhalt

I. Zeittafel 5

II. Autor und Werk 11

III. Interpretationen 53

    Der Zug war pünktlich 53
    Wanderer, kommst du nach Spa 59
    Die Waage der Baleks 64
    Nicht nur zur Weihnachtszeit 70
    Daniel, der Gerechte 78
    Das Brot der frühen Jahre 81
    Billard um halbzehn 87
    Klopfzeichen 97
    Ansichten eines Clowns 102
    Gruppenbild mit Dame 113
    Die verlorene Ehre der Katharina Blum
      oder: Wie Gewalt entstehen und wohin sie
      führen kann 125
    Fürsorgliche Belagerung 135

IV. Literaturhinweise 143

V. Abbildungsnachweis 151

I. Zeittafel

1917 21. Dezember: Heinrich Böll in **Köln** als achtes Kind des Tischlermeisters Viktor Böll und seiner zweiten Ehefrau Maria (geb. Hermanns) geboren.
1924–28 Besuch der katholischen Volksschule in Köln-Raderthal.
1928–37 Besuch des humanistischen »Kaiser-Wilhelm-Gymnasiums« in Köln.
1937 Abitur. Beginn einer Buchhändlerlehre bei der Firma Matthias Lempertz in **Bonn**.
1938 Abbruch der Lehre und Aushilfe in der väterlichen Werkstatt. Einberufung zum Reichsarbeitsdienst. Erste schriftstellerische Versuche.
1939–45 Immatrikulation im Sommersemester an der Universität **Köln** für die Fächer Germanistik und Alte Philologie. Einberufung zum Kriegsdienst, den Böll an verschiedenen Kriegsschauplätzen in Polen, Frankreich, Rußland, Rumänien, Ungarn und Deutschland ableistet. Beförderung zum Obergefreiten. Mehrfache Verwundung, Typhuserkrankung und Lazarettaufenthalte. Böll ist schriftstellerisch nicht tätig, pflegt aber einen intensiven Briefwechsel mit der Jugendfreundin Annemarie Cech und der Familie.
1942 Eheschließung mit Annemarie Cech.
1944 Tod der Mutter bei einem Fliegerangriff.
1945 Kurz vor Kriegsende in amerikanischer und englischer Gefangenschaft. Entlassung am 15. September und Rückkehr nach **Köln**. Geburt und Tod des Sohnes Christoph.
1946 Formelle Wiederaufnahme des Studiums, um Lebensmittelmarken zugeteilt zu bekommen. Intensive schriftstellerische Tätigkeit. Hilfsarbeiter.
1947/48 Erste Veröffentlichungen von Kurzgeschichten in

Zeitungen (u. a. *Rheinischer Merkur*) und Zeitschriften (*Der Ruf, Karussell*). Geburt der Söhne Raimund und René.

1949 Erste Buchveröffentlichung: *Der Zug war pünktlich* (Erzählung).

1950 Geburt des Sohnes Vincent. »Aushilfsangestellter beim Statistischen Amt« der Stadt Köln. Veröffentlichung der ersten Sammlung von Kurzgeschichten: *Wanderer, kommst du nach Spa . . .*

1951 *Wo warst du, Adam?* (Roman). Einladung zur Tagung der »Gruppe 47« und Preisverleihung für die Geschichte *Die schwarzen Schafe*. Seit dem Sommer freier Schriftsteller.

1952 Auszeichnung mit dem René-Schickele-Preis. Geschichtensammlung *Nicht nur zur Weihnachtszeit*. Wechsel vom Middelhauve-Verlag zum Verlag Kiepenheuer & Witsch.

1953 Kritikerpreis für Literatur. Erzählerpreis des Süddeutschen Rundfunks. Ehrengabe des Kulturkreises im »Bundesverband der Deutschen Industrie«. *Und sagte kein einziges Wort* (Roman).

1954 Erster längerer Aufenthalt in Irland. *Haus ohne Hüter* (Roman).

1955 Umzug nach **Köln-Müngersdorf**. Preis der französischen Verleger für den besten ausländischen Roman. *So ward Abend und Morgen* (Kurzgeschichten), *Unberechenbare Gäste* (Satiren), *Zum Tee bei Dr. Borsig* (Hörspiele), *Das Brot der frühen Jahre* (Erzählung).

1957 *Irisches Tagebuch, Im Tal der donnernden Hufe* (Erzählung).

1958 »Eduard-von-Heydt-Preis« der Stadt Wuppertal (Erste Wuppertaler Rede: *Die Sprache als Hort der Freiheit*). Preis der Bayerischen Akademie der Künste. *Dr. Murkes gesammeltes Schweigen und andere Satiren*.

I. Zeittafel

1970 Uraufführung des Theaterstücks *Aussatz* in Aachen. Wahl zum Präsidenten des deutschen PEN-Zentrums (bis 1972).
1971 Präsident des Internationalen PEN-Zentrums (bis 1974). Vortragsreise durch die USA. *Gruppenbild mit Dame* (Roman).
1972 Kontroverse um den Spiegel-Artikel *Will Ulrike Meinhof Gnade oder freies Geleit?* Engagement in der Sozialdemokratischen Wählerinitiative zur Bundestagswahl. Am 10. Dezember Verleihung des Nobelpreises für Literatur. *Erzählungen 1950–1970. Gedichte* (Sammlung mit 9 Gedichten).
1973 Nobelpreisvorlesung in Stockholm: *Über die Vernunft der Poesie.* Ehrendoktorwürden mehrerer Universitäten. *Neue politische und literarische Schriften.*
1974 Carl-von-Ossietzky-Medaille der Internationalen Liga für Menschenrechte (Rede: *Ich habe die Nase voll*).
Ehrenmitglied der American Academy of Arts and Letters. *Die verlorene Ehre der Katharina Blum oder: Wie Gewalt entstehen und wohin sie führen kann* (Erzählung).
1975 *Berichte zur Gesinnungslage der Nation.*
1976 Austritt aus der katholischen Kirche.
1977 Zum 60. Geburtstag erscheinen die ersten fünf Bände einer Werkausgabe. *Einmischung erwünscht. Schriften zur Zeit, Darf ein Schriftsteller überhaupt vernünftig werden wollen?*
1979 Ablehnung des Bundesverdienstkreuzes. Bölls Privatarchiv als Dauerleihgabe an die Kölner Stadtbibliothek. Reise nach Ecuador. *Fürsorgliche Belagerung, Du fährst zu oft nach Heidelberg und andere Erzählungen* (erste Publikation im Lamuv-Verlag seines Sohnes René).

1981 Engagement in der Friedensbewegung. Rede auf der Friedensdemonstration in Bonn gegen den NATO-Nachrüstungsbeschluß. Autobiographische Schrift *Was soll aus dem Jungen bloß werden?*

1982 Umzug nach **Bornheim-Merten** und Mitarbeit im Verlag seines Sohnes René. Tod des Sohnes Raimund. *Das Vermächtnis* (Erzählung), *Vermintes Gelände* (Essayistische Schriften 1977–1982).

1983 Ernennung zum Professor durch den Ministerpräsidenten des Landes Nordrhein-Westfalen. Ehrenbürgerschaft der Stadt Köln. Teilnahme an der Blockade des US-Militärdepots Mutlangen. Ansprache auf der zentralen Friedensdemonstration in Bonn.

1984 Erwerb des literarischen Archivs des Autors (sämtliche Manuskripte und ca. 50 000 Briefe aus der Korrespondenz Bölls) durch die Stadt Köln und Einrichtung der Böll-Sammlung mit Arbeitsstelle in der Stadtbibliothek Köln. *Bild–Bonn–Boenisch, Ein- und Zusprüche. Schriften, Reden und Prosa 1981–1984.*

1985 Nach längerer Krankheit Operation, Entlassung aus der Klinik und plötzlicher Tod. Beisetzung in **Bornheim-Merten** und Landestrauer in Nordrhein-Westfalen. *Frauen vor Flußlandschaft* (Roman) postum erschienen.

1986 *Die Fähigkeit zu trauern. Schriften und Reden 1984 bis 1985*, *Wir kommen von weit her* (Gedichte).

1992 *Der Engel schwieg* (Roman).

1995 *Der blasse Hund* (Erzählungen).

II. Autor und Werk

In seiner autobiographischen Skizze *Über mich selbst* vermerkte Böll: »Schreiben wollte ich immer, versuchte es schon früh, fand aber die Worte erst später.« Diese Worte fand der Neunzehnjährige dann Ende 1936, als er mit der Niederschrift seiner ersten Erzählung *Die Brennenden* begann, die aber, wie anderes aus jener Zeit, zunächst ungedruckt blieb.[1] Erst nach dem Kriegsdienst und der kurzen Gefangenschaft, also über ein Jahrzehnt später, widmete sich Böll intensiv der Dichtung: Die erste veröffentlichte Kurzgeschichte, *Aus der Vorzeit*, erschien am 3. Mai 1947 im *Rheinischen Merkur*, die erste längere Erzählung, *Der Zug war pünktlich*, entstand im Winter 1946/47 und lag 1949 gedruckt vor. Seine Laufbahn als Schriftsteller beendete Heinrich Böll fast vierzig Jahre später mit dem Roman *Frauen vor Flußlandschaft*, der 1985 erschien. In diesen vier Jahrzehnten erhielt Böll beachtlich viele Ehrungen und Preise, verfaßte mehr als 100 Erzählungen – darunter auch umfangreiche Texte –, 10 Romane[2], mehr als 20 Hörspiele, 5 Film- und 2 Dramentexte, aber auch, was weniger bekannt ist, 24 Gedichte[3] und eine fast unüberschaubare Anzahl von Essays. Außerdem hielt Böll sehr viele Vorträge, veröffentlichte zahlreiche politische Manifeste, Vor-, Nach- und Geleitworte sowie Rezensionen: Faßt man diese Publikationen zusammen, so ergeben sich rund 600 Einzeltexte.[4] Zu erwähnen ist auch die Verfilmung von 15 Romanen und Erzählungen.[5] Seine unveröffentlichten literarischen Arbeiten, wie die ersten Erzählungen, befinden sich in dem um-

---

1 Veröffentlicht 1995 in dem Band *Der blasse Hund*, S. 9–36.
2 Neun Romane erschienen zu Lebzeiten Bölls bzw. kurz nach seinem Tode (1985). 1992 wurde dann sein erster Roman, *Der Engel schwieg*, postum veröffentlicht, an dem Böll in den Jahren 1949–1951 arbeitete.
3 Hierzu Bernhard Sowinski, *Heinrich Böll*, Stuttgart 1993, S. 105–112.
4 Ebd., S. 118.
5 Ebd., S. 210 f.

fangreichen Nachlaß, den die »Heinrich-Böll-Forschungsstelle« zusammen mit den anderen literarischen Zeugnissen für die Kritische Werkausgabe wissenschaftlich aufarbeitet und für das interessierte Lesepublikum zu veröffentlichen gedenkt.

Geboren wurde Heinrich Böll am 21. Dezember 1917 in Köln, während sein »Vater als Landsturmmann Brückenwache schob«. In der autobiographischen Abhandlung *Über mich selbst* heißt es weiter: »[...] im schlimmsten Hungerjahr des Weltkrieges wurde ihm das achte Kind geboren; zwei hatte er schon früh beerdigen müssen. [...] Meine väterlichen Vorfahren kamen vor Jahrhunderten von den britischen Inseln, Katholiken, die der Staatsreligion Heinrichs VIII. die Emigration vorzogen. Sie waren Schiffszimmerleute, zogen von Holland herauf rheinaufwärts, lebten immer lieber in Städten als auf dem Land, wurden, so weit von der See entfernt, Tischler. Die Vorfahren mütterlicherseits waren Bauern und Bierbrauer, eine Generation war wohlhabend und tüchtig, dann brachte die nächste den Verschwender hervor, war die übernächste arm, brachte wieder den Tüchtigen hervor, bis sich im letzten Zweig, aus dem meine Mutter stammte, alle Weltverachtung sammelte und der Name erlosch« (I,280 f.). Der Vater Viktor Böll gründete als Schreiner und Bildschnitzer ein eigenes Geschäft, dem er sich intensiv nach dem Kriegsende widmete und das seiner Familie zunächst einen soliden bürgerlichen Wohlstand sicherte. Die familiäre Geborgenheit prägte das Leben des Kindes, wobei die Eltern in der Erziehung eine besonders formende Rolle spielten. »Die Familie und ihre Werte werden für Böll zur höchsten Instanz [...]. Damit tritt eine gewisse rückwärtsgewandte, zum Teil auch rückständige Orientierung in sein Wertsystem.«[6] Nie hatte der Sohn Angst vor einem mächtigen Vater, ein »Kafka-Erlebnis«, wie Böll es selbst nennt (B/L, *Drei Tage*, 34), war ihm

---

6 Klaus Schröter, *Heinrich Böll*, Reinbek 1982, S. 30 f.

II. Autor und Werk

unbekannt. Die Eltern gaben wichtige Anregungen zum Lesen und Lernen, dazu weltanschauliche Hilfen. Aber auch das katholische Milieu Kölns wirkte sich auf die Sozialisation des Kindes prägend aus, so daß Familie und Religion später neben dem Thema Ehe und Liebe eine besondere Rolle im literarischen Werk spielen sollten.

Heinrich Böll liebte als Kind den Gegensatz zwischen Arbeiter- und Bürgerkindern, die im Stadtteil Raderberg, wo das elterliche Wohnhaus stand, dicht beieinander lebten. 1965 schrieb Böll in dem autobiographischen Aufsatz *Raderberg, Raderthal*: »Meine Eltern störte es nicht, daß ich die meiste Zeit bei den ›Roten‹ verbrachte, sie wären nie auf den Gedanken gekommen, zu tun, was die Professoren, Prokuristen, Architekten, Bankdirektoren taten: die verboten ihren Kindern, mit den ›Roten‹ zu spielen. Der bürgerliche Teil war so offensichtlich à la Trotzköpfchen: Teeparties, Pfänderspiele, die merkwürdig schwüle Früherotik, aus der man sich sentimentale Erinnerungen strickt. Auf der Straße, von den ›roten‹ Kindern lernte ich, was ich bei den ›besseren‹ nie gelernt hätte: Reifenschlagen als Wettlauf, rund um den Park, rund um den Block, barfuß, mit einem Stock die kahle, rostige, aus dem Abfallhaufen herausgesuchte Fahrradfelge vor sich hertreiben, sie, ohne viel Tempo zu verlieren, in die Kurve zu lenken, ihr vorne links, vorne rechts eins zu versetzen, dann mit dem Stock schleifend zu bremsen, rund um den Park, rund um den Block« (III,120). Dieser Kontakt zu Gleichaltrigen aus verschiedenen gesellschaftlichen Schichten sollte ebenfalls sein späteres literarisches Schaffen beeinflussen. Die ersten Jahre seiner Schulzeit verbrachte Heinrich in einer katholischen Volksschule, während die meisten seiner Spielkameraden in eine konfessionslose Lehranstalt gingen. Aber die eigentlich schmerzliche Trennung von seinen Freunden erfolgte, als er von 1928 an das staatliche humanistische Kaiser-Wilhelm-Gymnasium in Köln besuchte. »Ich ging gern hin, sah aber nicht ein, warum die ›Roten‹ und die ›nicht besseren Katholi-

schen‹ nicht dorthin gingen. Ich sehe es bis heute nicht ein«, erinnert sich Böll 37 Jahre später (III,123).
In diese Zeit fiel ein einschneidendes Ereignis für die Familie: Das Wohnhaus im Grünen mußte infolge einer Bankpleite verkauft werden, woraufhin die Bölls gezwungen waren, in die Stadt, in eine neue Wohnung am Ubierring zu ziehen. Diese Zeit der Weltwirtschaftskrise hinterließ einen dauerhaften schockartigen Eindruck bei dem jungen Heinrich. »Die Erkenntnis, daß Wohl und Wehe nicht nur von meinen Eltern abhingen [...]. Sondern daß außerhalb der Familie ökonomische und politische Ereignisse stattfanden [...], Ereignisse, die einen auslieferten« (B/L, *Drei Tage*, 33 f.). Die negativen Erlebnisse mit dem bürgerlichen Leben prägten sein Einfühlungsvermögen, sein Feingefühl für gesellschaftliche Vorgänge. Es war die Zeit des Hungers, in der seine Schulkameraden ihn um ein Stück Brot anbettelten, es war aber auch die Zeit der politischen Auseinandersetzungen und Kämpfe auf der Straße, die Zeit, in der das totalitäre Regime vorbereitet wurde. Die Eltern mußten um die Existenzgrundlage bangen, und im väterlichen Betrieb verfolgte Heinrich die Gespräche der Gesellen über gesellschaftliche und politische Fragen. Immer gewährte die Familie Rückhalt und Geborgenheit, was sich nachhaltig auf die Einstellung des Heranwachsenden auswirken sollte: »Ich habe es meinen Eltern nie vergessen, daß in unserer Wohnung 1933 oder 1934 [...] illegale Treffen von katholischen Jugendverbänden stattfanden und ich das miterleben durfte, ich war zwar nicht Mitglied dieser Verbände, aber mein älterer Bruder – und ich durfte also dabei sein, das war ein ungeheurer Vertrauensbeweis, es ging ja wirklich um einiges. Alle diese Dinge haben natürlich auch den inneren Widerstand verstärkt« (B/L, *Drei Tage*, 35 f.).
Der Druck der Nationalsozialisten auf die Schule wuchs, dennoch konnte sich Böll nach 1932 in seinem Gymnasium relativ geborgen fühlen, bewahrten ihn die Lehrer, fast alle waren Demokraten, doch davor, »den politischen Irrtümern

zu erliegen«, wie er 1953 in dem kurzen autobiographischen Text *Selbstvorstellung eines jungen Autors* formulierte (I,109). 1937 legte Böll das Abitur ab, nachdem er die Prima einmal wiederholen mußte; beim Schulabschluß erreichte er in den Fächern Deutsch und Religion nur ein »genügend«. Obwohl ihm die letzten Jahre auf dem Gymnasium sehr schwer fielen, blieb er doch sehr bewußt Schüler, da ihm die Schule Schutz vor dem Nationalsozialismus bot. Die Werte der Kindheit und Jugend, die kleine, überschaubare familiäre Welt, die nachbarschaftliche Vertrautheit ohne Anonymität, bildeten Werte, mit denen sich auch der erwachsene Böll verbunden fühlte, so daß das Schreiben zur Verteidigung der Kindheit wurde, wie es Bölls Biograph Christian Linder formulierte.[7]

In diese Zeit fallen Bölls erste schriftstellerischen Versuche. In der Erzählung *Die Brennenden*[8], erst 1995 aus dem Nachlaß veröffentlicht, ist bereits einiges von dem erkennbar, was sich im späteren Werk niederschlagen wird: Die Beachtung der Armut sowie der Drang nach der uneingeschränkten Wahrhaftigkeit des Glaubens und die Wahrhaftigkeit der Liebe, wie sie sich in einem Freudenmädchen offenbart. Hier spielt schon das später in dem Roman *Ansichten eines Clowns* wiederkehrende Thema »Sakrament der Ehe« eine Rolle, das sich außerehelich Liebende ohne kirchlichen Segen spenden können. »Mit solchen Vorstellungen [...] klagt der junge Katholik Heinrich Böll auch schon den Pakt der Kirche mit der Bourgeoisie an, der in seinen Augen verhängnisvoll ist, all das Christentum als ein Sotun-als-ob, als ein materiell vorteilhaftes Sichanpassen an etablierte Konventionen.«[9] Alle Hauptfiguren dieser Geschichte und die in der Erzählung *Die Unscheinbare*

---

7 Christian Linder, *Heinrich Böll. Leben und Schreiben 1917–1985*, Köln 1986, S. 41.
8 Siehe Anm. 1.
9 Heinrich Vormweg im Nachwort des Bandes *Der blasse Hund* (Anm. 1), S. 195.

sind ungefähr im Alter Bölls, sind gläubig katholisch, arm und hungrig und leben als Ausgestoßene in einer katholisch beherrschten Umwelt. »Daß einige von ihnen fast in Lumpen gehen, wie Bettler, mindert allerdings ihr schwer erkämpftes, stets gefährdetes Selbstgefühl nicht.«[10]
Nach dem Abitur begann Heinrich Böll mit einer Buchhändlerlehre bei Matthias Lempertz in Bonn, brach aber schon Anfang 1938 die Ausbildung ab, arbeitete kurzzeitig in der Werkstatt des Vaters und leistete dann von Herbst 1938 bis zum Frühjahr 1939 seinen Reichsarbeitsdienst, um sich im folgenden Sommersemester an der Universität Köln immatrikulieren zu können. Dort belegte Böll die Fächer Germanistik und Klassische Philologie, wurde aber schon wenige Wochen später, im Juli 1939, also noch vor Kriegsbeginn, als Infanterist zur Wehrmacht eingezogen und diente dann an verschiedenen Kriegsschauplätzen in Polen, Frankreich, Rußland, Rumänien, Ungarn und Deutschland. Während dieser Jahre wurde Böll mehrmals verwundet. Seine Kriegserlebnisse, zu denen eigene Anschauungen über Lazarettaufenthalte, Kasernenleben und Kampf gehören, flossen später entheroisiert, als Handlungshintergrund, in sein literarisches Werk ein.
Als wichtiges Ereignis ist die Hochzeit mit der aus Pilsen stammenden Annemarie Cech zu erwähnen, die Ende 1942 stattfand. Mit ihr und der Familie führte Böll einen intensiven Briefwechsel. Zu einer anderen literarischen Arbeit war er während des Krieges nicht fähig, er übte sich jedoch schriftstellerisch in dieser Korrespondenz, in Form von Berichten und Beschreibungen. »Ich hatte schon in den Jahren 1936 bis 1938 zu schreiben begonnen, aber in den Jahren bis 1945 schrieb ich fast nichts, außer Briefe an meine Frau: mindestens einen jeden Tag, und ich bekam jeden Tag einen von ihr«, heißt es in der erwähnten autobiographischen

---

10 Heinrich Vormweg, »Böll vor 1945«, in: Bernd Balzer (Hrsg.), *Heinrich Böll 1917–1985*, Bern / Berlin / Frankfurt a.M. / New York / Paris / Wien 1992, S. 13.

Schrift *Selbstvorstellung* (I,112). Ende 1944, nach dem Tod der Mutter, die infolge eines Fliegerangriffs auf Köln starb, desertierte Böll und versteckte sich für kurze Zeit mit gefälschten Papieren bei seiner Frau, kehrte dann wieder zur Armee zurück und geriet 14 Tage später in Kriegsgefangenschaft: Ereignisse, die Böll kurz vor seinem Tode in einem Brief an seine Söhne anschaulich schilderte.[11] Schon bald nach Kriegsende fand am 15. September 1945 die Entlassung aus der Gefangenschaft im Bonner Hofgarten statt. Hierzu heißt es in den *Stichworten*: »Gefangengenommen hatten mich amerikanische Soldaten, zuletzt in Obhut gehabt Briten, bewacht war ich von Belgiern, denen innerhalb der britischen Zone der Regierungsbezirk Köln als Besatzungsgebiet zuerkannt worden war. Entlassen wurde ich am 15. 9. 1945 aber aus deutscher Gefangenschaft« (III,144). Im Bergischen Land, wohin zahlreiche Menschen aus dem bombardierten Köln evakuiert waren, suchte Böll seine Frau Annemarie auf und zog mit ihr im November wieder nach Köln. Der ein halbes Jahr zuvor geborene Sohn Christoph war bereits im Oktober gestorben. Den Lebensunterhalt verdiente seine Frau, aber von ihrem Gehalt konnten die Eheleute kaum leben. Als Hilfsarbeiter in der Tischlerei seines Bruders Alois versuchte Heinrich Böll etwas dazuzuverdienen, auf dem Schwarzmarkt gelang es ihm, das Notwendigste zum Leben zu beschaffen, wodurch die junge Familie mit den großen Versorgungsschwierigkeiten im zerstörten Köln einigermaßen fertig wurde. Um in den Genuß von Lebensmittelmarken zu kommen, mußte jeder »Beruf und Tätigkeit« nachweisen, »und so wies ich rasch Beruf und Tätigkeit nach, indem ich mich an der Kölner Universität einschrieb. Weiteren Gebrauch von dieser irreführenden Bezeichnung machte ich nicht. Bald besaß ich ein weiteres Dokument, das die merkwürdige Bezeichnung ›Arbeitspaß‹ trug. In diesem Dokument war ich als ›Hilfs-

---

11 *Brief an meine Söhne oder vier Fahrräder*, in: IX,206–228.

arbeiter‹ bezeichnet; das war weder eine Tarnung noch irreführend«, gestand er in den *Stichworten* ein (III,144). Weiter heißt es dort: »Beruf und Tätigkeit standen für mich schon seit dem siebzehnten Lebensjahr fest: Schriftsteller« (III,144). Die Kriegs- oder die unmittelbaren Nachkriegserlebnisse können keineswegs als primärer Impuls für das schriftstellerische Schaffen angesehen werden, denn der Entschluß, Schriftsteller zu werden, wurde früher gefaßt, er stammt aus der Vorkriegszeit und hängt zusammen mit der von Böll gemachten Erfahrung vom »Zerfall der bürgerlichen Gesellschaft« in den zwanziger und dreißiger Jahren, ein »Urthema der Literatur« (B/L, *Drei Tage*, 53), aber auch mit seiner positiven Identifizierung mit der Kindheit sowie den Werten, die diese Kindheit repräsentieren:[12] Intimität, Liebe, Nähe, Vertrautheit, nachbarschaftliche Menschlichkeit, die Beziehung zu den einfachen Dingen des Lebens.

In den Jahren nach dem Kriegsende entstanden die ersten Arbeiten: über 50 Erzählungen und Kurzgeschichten und ein bisher unveröffentlichter Roman, der den Titel *Kreuz ohne Liebe* trägt und von den Konflikten zwischen Widerstand und Anpassung in einer katholischen Familie während der Nazizeit handelt. Böll legte ihn 1947 bei einem Preisausschreiben einer Zeitschrift vor, erhielt ihn jedoch mit dem Kommentar zurück, als Autor zeige er beachtliche dichterische Fähigkeiten, doch der Roman weise kompositorische Schwächen auf.[13]

In diesen frühen Arbeiten finden sich literarische Elemente, die Böll in seinem späteren Werk entfaltet und variiert: Liebe, die Gemeinschaft, das Humane und das Alltägliche sowie das Engagement für diejenigen, die aus der Gesellschaft fallen. In seinen Poetik-Vorlesungen an der Universität Frankfurt erklärte er später, die Literatur könne »offen-

---

12 Eine These, die Christian Linders Böll-Biographie (Anm. 7) durchzieht.
13 Karl Heiner Busse, »Zu wahr, um schön zu sein – Frühe Publikationen«, in: Balzer (Hrsg.) (Anm. 10), S. 27.

bar nur zum Gegenstand wählen, was von der Gesellschaft zum Abfall, als abfällig erklärt wird« (III,67). 1964, als Böll an der Universität Frankfurt im Rahmen einer Gastprofessur sein literarisches Selbstverständnis vorstellte, verdeutlichte er den Studenten, er begreife sich in erster Linie als ein engagierter Zeitgenosse und habe als solcher eine *Ästhetik des Humanen* entwickelt, zu der Themen aus dem kleinbürgerlichen Bereich gehörten (III,30). Für den Schriftsteller Böll sind die alltäglichen gesellschaftlichen Erlebnisse und Wahrnehmungen Grundvoraussetzungen zum Schreiben, womit er den Studenten ein literaturtheoretisches Modell anbietet, das erst in den späteren sechziger und siebziger Jahren in der Germanistik zum Hauptanliegen erklärt wird. Eine Trennung zwischen Moral und Ästhetik, eine auf das Inhaltliche beschränkte Bewertung von Literatur verwirft Böll: »Moral und Ästhetik erweisen sich als kongruent, untrennbar auch, ganz gleich, wie trotzig oder gelassen, wie milde oder wie wütend, mit welchem Stil, aus welcher Optik ein Autor sich an die Beschreibung oder bloße Schilderung des Humanen begeben mag: zerstörte Nachbarschaft, vergiftetes Gelände machen es ihm unmöglich, Vertrauen zu stiften oder Trost zu spenden« (III,68). Bölls Identifizierung mit seinen positiven Hauptpersonen aber ist von Anfang an zu erkennen, seine Figuren beanspruchen, Vertreter einer heimatsuchenden Menschlichkeit zu sein.

In seinen schriftstellerischen Anfängen in der Nachkriegszeit verzichtete Böll auf literarische Experimente und avantgardistisches Gestalten, »jeder Rückgriff auf revolutionäre Literaturformen« ist für ihn in jener Zeit »lächerlich gewesen« (III,71). Die wichtigste literarische Form, der er sich nach dem Kriegsende bediente, war die Kurzgeschichte, dieses Genre, das in Deutschland besonders nach 1945 außerordentliche Beliebtheit genoß. Nach dem Vorbild der amerikanischen »short story« reduziert sie sowohl den Handlungsstrang, die Schauplätze als auch die Anzahl der

Personen, um so eine Lebenssituation, vornehmlich in Alltagssprache pointiert, widerzuspiegeln. Zunächst behandeln Bölls Kurzgeschichten Soldaten- und Kriegsschicksale, allerdings wählte er auch die Kriegsfolgen sowie die Nachkriegssituation als Thema. Grundvoraussetzung für das Schreiben war die inhaltliche Nähe des Themas zur Wahrnehmungswelt der Leser. Böll vertraute darauf, das zu erzählen, was ihn an Alltäglichem umgab, was, um zu wirken, nur das Interesse des Zeugen brauchte. Er mußte sich mitteilen, ebenso wie andere Autoren der »jungen Generation« auch, die nach Kriegsende und Zusammenbruch eine neue Orientierung suchten und um eine Aufarbeitung der unmittelbaren Kriegsvergangenheit bemüht waren. Bölls Interesse galt der »Trümmerliteratur«, zu der er, um die Konzeption zu rechtfertigen, 1952 ein eigenes *Bekenntnis* verfaßte: »[...] die Menschen, von denen wir schrieben, lebten in Trümmern, sie kamen aus dem Kriege, Männer und Frauen im gleichen Maße verletzt, auch Kinder. Und sie waren scharfäugig: sie sahen« (I,27). Das Sehen, Schlüsselbegriff in diesem Aufsatz, wird zum zentralen Thema auch anderer westdeutscher Autoren, für die stellvertretend Wolfgang Borchert, Günter Eich, Elisabeth Langgässer und Wolfdietrich Schnurre genannt werden können: »Wer Augen hat zu sehen, der sehe! Und in unserer schönen Muttersprache hat Sehen eine Bedeutung, die nicht mit optischen Kategorien allein zu erschöpfen ist: wer Augen hat zu sehen, für den werden die Dinge durchsichtig – und es müßte ihm möglich werden, sie zu durchschauen, und man kann versuchen, sie mittels der Sprache zu durchschauen, in sie hineinzusehen. Das Auge des Schriftstellers sollte menschlich und unbestechlich sein« (I,30). Für die neue Autorengeneration wird das eigentlich Erzählenswerte dasjenige, was sich nicht aufdrängt, um als schön empfunden zu werden, sondern das, was der Hinwendung des Betrachters bedarf; diese Autoren suchen eine andere thematische Anknüpfung als diejeni-

*Heinrich Böll mit seinen Kindern
Raimund, Vincent und René (v. l.) 1952*

gen des Exils oder der inneren Emigration. Diese jungen Schriftsteller haben die Aufgabe übernommen, fährt Böll fort, die Leser »daran zu erinnern, daß der Mensch nicht nur existiert, um verwaltet zu werden – und daß die Zerstörungen in unserer Welt nicht nur äußerer Art sind und nicht so geringfügiger Natur, daß man sich anmaßen kann, sie in wenigen Jahren zu heilen« (I,31). Die junge Autorengeneration will aus den Trümmern im materiellen und mitmenschlichen Bereich, die das »Dritte Reich« hinterließ, einen neuen Anfang suchen und soziale, familiäre, psychische Schwierigkeiten aufdecken und behandeln. Wolfgang Weyrauch prägte für diese literarische Richtung den Begriff *Kahlschlagliteratur* und stellte die Forderung auf, eine Bestandsaufnahme vorzunehmen und die Wirklichkeit zu fixieren.[14] Böll geht in seinem Realismusverständnis einen Schritt weiter, wenn er für sich beansprucht, ein Autor habe nicht die Wirklichkeit aufzunehmen, sondern er müsse sie hervorbringen: »[...] die komplizierte Dämonie auch eines vergleichsweise realistischen Romans besteht darin, daß es ganz und gar unwichtig ist, was an Wirklichem in ihn hineingeraten, in ihm verarbeitet, zusammengesetzt, verwandelt sein mag. Wichtig ist, was aus ihm an geschaffener Wirklichkeit herauskommt und wirksam wird. [...] wenn einer in einem Roman Wirklichkeitstreue oder Lebensnähe entdeckt, so entdeckt er geschaffene Wirklichkeit und geschaffene Lebensnähe« (III,50).

Ein Anknüpfen an die Tradition des aufgeklärten Humanismus, in den zwanziger Jahren etwa von Alfred Döblin oder den Brüdern Mann vertreten, kam für Böll nicht in Frage. Die literarische Sprache, die die jungen Autoren suchten, war nüchtern und realistisch, sie beschrieb die unmittelbaren Kriegseindrücke und den Alltag der Nachkriegszeit in einem emotional wenig aufgeladenen Stil. Dieses zeigt sich besonders deutlich in den frühen Kurzgeschichten des Bandes *Wanderer, kommst du nach Spa...*, die die Kriegsproblematik oder die Möglichkeit des Überlebens in der Nachkriegszeit behandeln. Zeugnis hiervon legt aber auch der 1951 erschienene Roman *Wo warst du, Adam?* ab. Böll hat seinem Buch ein Zitat aus den *Tag- und Nachtbüchern* des deutschen Kulturkritikers Theodor Haecker vorangestellt, in denen der Krieg als Alibi der persönlichen Rechtfertigung erscheint: »Eine Weltkatastrophe kann zu manchem dienen. Auch dazu, ein Alibi zu finden vor Gott. Wo warst du, Adam? ›Ich war im Weltkrieg‹« (W 1,308).

Böll schildert hier Kriegserlebnisse in einer Reihe von Einzelereignissen in nüchterner, ungeschmückter Sprache, die er in neun Kapiteln ausbreitet. Obwohl der Autor *Wo warst du, Adam?* selbst als Roman bezeichnet, handelt es sich eher

---

14 Wolfgang Weyrauch im Nachwort zu *Tausend Gramm. Eine Sammlung neuer Geschichten*, Reinbek 1949, S. 97.

II. Autor und Werk

um eine Komposition von neun selbständigen Geschichten, die durch das durchgehende Thema Krieg sowie durch wiederkehrende Namen zusammengehalten werden. Die Hauptpersonen dieses Buches sind Menschen, die in der Kriegsmaschinerie stecken, die an verschiedenen Schauplätzen zu Tätern und Opfern werden. Immer wieder zeigen die Verhältnisse, die der Krieg schuf, wie krankmachend und zerstörend sie auf die Beteiligten wirken, was Böll auch in dem zweiten Motto, das er dem Buch voranstellt, verdeutlicht: »Früher habe ich Abenteuer erlebt: die Einrichtung von Postlinien, die Überwindung der Sahara, Südamerika – aber der Krieg ist kein richtiges Abenteuer, er ist nur Abenteuer-Ersatz. Der Krieg ist eine Krankheit. Wie der Typhus. ANTOINE DE SAINT-EXUPÉRY *Flug nach Arras*« (W 1,308).

Das Motiv einer außerhalb der Individuen angesiedelten und nicht näher zu identifizierenden Kraft, die für die Beteiligten eine plötzlich auftretende, unerwartete Möglichkeit eröffnet, um den alltäglichen Verhältnissen zu entfliehen, zeigt sich in mehreren Episoden des Romans. Oberst Bressen identifizierte sich schon im Ersten Weltkrieg mit dem Krieg, zeigt nun aber plötzlich ein neuartiges Verhalten, indem er sich von einem Marienbild faszinieren läßt. Auch das Verhalten des Feldwebels Schneider ändert sich plötzlich. Er hatte seine Kriegserlebnisse durch Alkoholkonsum zu kompensieren versucht; ihm offenbart sich aber unversehens durch die Bekanntschaft mit einem einfachen ungarischen Bauernmädchen ein neuer, unerwarteter Lebenssinn, weshalb er auf die persönliche Sicherheit verzichtet und vor einem sowjetischen Panzervorstoß nicht flieht, sondern mit Schwerverletzten zurückbleibt, den Angriff jedoch nicht überlebt. Die erschütterndste Geschichte handelt von Filskeit, der ein KZ leitet, in dem Juden gesammelt werden, um sie dann in ein Vernichtungslager zu transportieren. Als Musikliebhaber läßt er jeden neu eingelieferten Juden vorsingen, und wenn dieser eine schöne Stimme hat, ist er gerettet. Dann singt ihm eine Jüdin, die ein Jahr in einem Kloster zugebracht hat, mit schöner Stimme die Allerheiligenlitanei vor. Filskeit, der auch einmal einen Kirchenchor geleitet hat, gerät in Erregung und erschießt die Jüdin mit der wunderbaren Stimme.

In der Kritik wird der Romanschluß als wenig überzeugend, überspannt und melodramatisch hervorgehoben, was sich am Schicksal des Soldaten Feinhals zeigt. Feinhals, der in mehreren Geschichten auftritt, erreicht am Ende seinen Heimatort, aber eine letzte Granate, noch von deutschen Soldaten abgefeuert, trifft ihn auf der Schwelle seines Elternhauses, während über ihm die Stange mit der weißen Fahne zerbricht und das weiße Tuch über ihn fällt.[15]

Zu *Wo warst du, Adam?* äußert sich Böll in einem Interview dahingehend, daß es ihm nicht um die geschilderten Kriegsverhältnisse gegangen sei, sondern um die Darstellung des Zwangs, der durch »Unterwerfung« und »Untertänigkeit« entsteht, wenn hierarchisch geordnete Verhältnisse vorherrschen. Dieselbe Tyrannei, die er am Beispiel von Soldatenschicksalen aufzuzeigen versuchte, herrschte auch in anderen hierarchischen Ordnungen, wie der Kirche und der Schule. »Sie brauchen nur die Verkleidung wegzunehmen, die speziellen Grausamkeiten des Naziregimes, das Konzentrationslager, die jüdischen Vernichtungslager, all das weg, so entsteht ein Roman, der *Wo warst du, Adam?* vergleichbar wäre. Der Unterschied, und es ist ein sehr wichtiger Unterschied natürlich, ist der Tod im Krieg. Im Frieden funktioniert das System ohne Unterwerfung unter den Tod« (*Querschnitte*, 110).

In der aus dem Jahr 1950 stammenden Kurzgeschichte *Trunk in Petöcki* (W 1,203–206) schildert Böll aus der Sicht eines deutschen Soldaten eine Szene in einer ungarischen Kneipe. Seine Gefühle und Gedanken werden aus der Innensicht mitgeteilt; die anderen Personen, die anwesenden

---

15 Hierzu Wilhelm Johannes Schwarz, *Der Erzähler Heinrich Böll*, München 1967, S. 24.

Gäste und die Wirtin, beschreibt der personale Erzähler aus der Außensicht. Der Soldat ist glücklich, sich betrinken zu können, obwohl er über kein Geld verfügt, seine Zeche zu bezahlen. Aber das Trinken läßt ihn den Krieg vergessen, an den er jedoch dann erinnert wird, als er auf die Uhr schaut und ihm der Zug einfällt, den er erreichen muß. Der Krieg wirkt in dieser Geschichte nicht von außen ein, sondern schädigt den Soldaten von innen, als psychisches Moment. Der Wein hilft dem Soldaten, diesen Krieg zu erdulden, genauso wie die Wirklichkeit zu überwinden, die sich auch in der anfänglichen Fremdheit der Umgebung, der Gäste und der Wirtin, zeigt. Schließlich kann diese Fremdheit überschritten werden, als der Soldat weinselig seinen Pullover verkauft und von dem übriggebliebenen Geld den Ungarn einiges daläßt. In dem etwas schwankenden Soldaten zeigt sich ein qualitativ neuer Zustand des Glücklichseins, erreicht durch eine Erneuerungskraft, die vom Weintrinken ausgeht. Böll ging es nicht darum, mit dieser Geschichte ein Abbild der Wirklichkeit zu zeichnen, für ihn war das Realitätsmaterial von geringer Bedeutung. Vielmehr wollte Böll einen epochalen Zustand verdeutlichen, der geprägt ist von einem dynamisierenden Effekt, der inmitten der Alltagswelt, hier repräsentiert durch eine zunächst befremdliche Umgebung mitten im Krieg, eine neue und unerwartete Möglichkeit eröffnet, die sich als Überschreiten der Fremdheit und des Krieges in der Trunkenheit und im mitmenschlichen Verständnis äußert.

Um das Überschreiten der Wirklichkeit geht es auch in der satirischen Geschichte *An der Brücke* (W 1,55–57). Ihr Ich-Erzähler, der als Kriegsbeschädigter zurückkehrt, bekommt die Aufgabe, an einer neuerrichteten Brücke die Zählung von Passanten vorzunehmen. »Es macht ihnen ja Spaß, sich ihre Tüchtigkeit mit Zahlen zu belegen, sie berauschen sich an diesem sinnlosen Nichts aus ein paar Ziffern, und den ganzen Tag, den ganzen Tag geht mein stummer Mund wie ein Uhrwerk, indem ich Nummer auf Nummer häufe, um ihnen abends den Triumph einer Zahl zu schenken. Ihre Gesichter strahlen, wenn ich ihnen das Ergebnis meiner Schicht mitteile, je höher die Zahl, um so mehr strahlen sie« (55). Schon früh verdeutlicht Böll die Sinnlosigkeit der verbürokratisierten Welt. Indem die Hauptperson ihre »kleine Geliebte« sowie die Personen, die mit ihr die Brücke passieren, nicht mitzählt, leistet er Protest gegenüber der Sinnlosigkeit dieser Aufgabe, leistet er Widerstand gegenüber der Einförmigkeit seines Tuns. Hierdurch sichert sich der Erzähler gleichzeitig einen kleinen Freiraum für die eigene Subjektivität und überschreitet ein wenig die befremdliche Realität.

Beide Beispiele können als Muster für das frühe literarische Werk angesehen werden; sie bilden gleichsam den Grundstock für Bölls rasch eintretenden Ruhm. Etwas anders verhielt es sich mit dem ersten Roman *Der Engel schwieg*, mit dessen Niederschrift Böll 1949 begann und den er 1950 an den Verlag Middelhauve sandte, an den Verlag, der bereits *Der Zug war pünktlich* und die Erzählungssammlung *Wanderer, kommst du nach Spa...* publiziert hatte. Middelhauve lehnte aber 1951 eine Veröffentlichung ab und sandte das Manuskript, obwohl eine Umarbeitung vorgenommen wurde, zurück. Vielleicht paßte die Trümmerproblematik ohne Zukunftsoptimismus nicht mehr in die Zeit des Wiederaufbaus. Erst 1992 erschien der Roman postum und wurde von der Kritik einerseits als handwerklich solide gearbeitet, sogar als »Böllscher Urfaust« begrüßt,[16] aber auch als eine »schludrig komponierte« Geschichte mißbilligt.[17]

Bölls Hauptfigur Hans Schnitzler trägt seine autobiographischen Züge: Er absolvierte vor seiner Einberufung eine Tischler- und dann eine Buchhändlerlehre und kehrt am Tag

---

16 Jochen Hieber in *Frankfurter Allgemeine Zeitung* vom 29. Mai 1992; sehr gelobt wird der Roman u.a. auch in der Rezension von Dorothee Sölle im *Deutschen Allgemeinen Sonntagsblatt* vom 21. August 1992: »Ich denke, wir brauchen solche schönen, wahren und untröstlichen Geschichten.«
17 Günter Kaindlsdorfer in *Die Presse* vom 29. August 1992.

der Kapitulation, am 8. Mai 1945, in eine völlig zerstörte Stadt zurück, die als Köln identifiziert werden kann. Hans mußte als Deserteur eine neue Identität annehmen, legte seine Uniform ab und bediente sich eines Mantels, den er aber in der Zeit des großen Hungers als kostbares Stück der Besitzerin zurückbringen wollte, denn ihre Adresse fand Hans im Kleidungsstück eingenäht. So führt der Krieg Hans mit Regina Unger zusammen, zunächst nur für eine Nacht, dann aber für länger: Hingabe und Liebe wachsen auch ohne sexuellen Kontakt, und Liebe bedeutet für beide, das wenige, was es zu essen gibt und was der Schwarzmarkt liefert, vorbehaltlos zu teilen.

Regina hat ihren Mann im Krieg verloren, und ihr Säugling ist kurz vor Hans' Auftauchen gestorben. In einem zweiten Handlungsstrang besucht Hans die sterbenskranke Frau seines Lebensretters, der für den zum Tode verurteilten Protagonisten freiwillig in den Tod gegangen ist. Als er Frau Gompertz zum zweiten Mal aufsucht, ist sie bereits gestorben, und geldgierige Erben heucheln Trauer. Mit Dr. Fischer, von Beruf Jurist und theologisch versierter Berater des Kardinals, gestaltet Böll sein dualistisches Weltbild und zeichnet eine Gegenfigur zu der liebenswürdigen Regina, aber auch zu dem Kaplan, der dem liebenden Paar mit Barmherzigkeit begegnet, als er sie ohne standesamtliche Ehebescheinigung traut.

Bereits in diesem frühen Roman gestaltete Böll sein zentrales Thema Liebe und Religion, das er in Variationen ständig fortschrieb. Kritiker werfen Böll häufig vor, er zeichne seine Personen, ganz besonders in den frühen Schriften, nach einem Schwarz-Weiß-Schema, eine Vorhaltung, die auch auf die Geschichte *Der Engel schwieg* zutreffen könnte. Daneben soll aber die humane Sichtweise hervorgehoben werden, die Verteidigung von positiven ethischen Werten, die sich in der Hauptperson und seiner Geliebten deutlich zeigen. Böll vertritt auch hier in der außerehelichen Liebesbeziehung Vorstellungen, die von der herrschenden Moral der

Nachkriegszeit als zweifelhaft angesehen werden. Andererseits repräsentiert Dr. Fischer Werte einer dekadenten Gesellschaft, die Böll in Frage stellt. Anhand dieser Erzählung verdeutlicht Böll sein Thema Liebe: Liebe, verstanden als Eros, wird als eine Erscheinung begriffen, die das ganze Leben sowie die ganze Person umfaßt und von der sexuellen Liebe zu unterscheiden ist. Außerdem nimmt hier Böll bereits das Thema »Verweigerung« auf, das er in seinen späteren Schriften variiert. Sein Milieurealismus wird geleitet von dem Anspruch, Bedürfnisse, Alltagserfahrungen und Wünsche der kleinen Leute literarisch zu verarbeiten, wie er es 1959 in *Verteidigung der Waschküchen* programmatisch (I,294–296) fordert. Böll hat in diesen ersten Jahren nach dem Krieg zahlreiche solcher Geschichten geschrieben, die alle im Volk spielen, die allesamt aktuell im Sinne von zeitgebunden sind. Gleichzeitig weisen diese Kurzgeschichten aber über die jeweilige Zeitgebundenheit hinaus und sprechen Probleme an, die auch die Leser späterer Jahrzehnte interessieren, weshalb Bölls Texte heute noch Aktualität aufweisen.

Als weitere thematische Gruppe[18] neben der Kriegs- und Nachkriegsproblematik können die religiösen oder moralischen Kurzgeschichten der fünfziger Jahre genannt werden, in denen sowohl der materielle als auch der seelische Niedergang Thema wird, in denen Böll sowohl das Versagen als auch die Hoffnung zum Erzählgegenstand erhob. Eine trägt den Titel *Das Abenteuer*, sie wurde 1950 verfaßt und erschien im März des darauffolgenden Jahres in den *Frankfurter Heften*. Die Hauptperson Fink, Vertreter für Fertighäuser, entschließt sich, in einer fremden, teilweise zerstörten Kirche zu beichten, weil er einen Ehebruch mit einer verheirateten Kundin begangen hat, zu der er jedoch nur eine oberflächliche Bindung hatte. Aber die Beichte vollzieht sich anders, als er dachte, denn der Priester fragt ihn,

---

18 Hier folge ich der Einteilung der Kurzgeschichten, wie sie Sowinski vornimmt: *Heinrich Böll*, Stuttgart/Weimar 1993, S. 163 ff.

indem er die Zehn Gebote durchgeht, auch nach anderen Sünden. Als er mit der Frage konfrontiert wird, ob er auch gestohlen oder gelogen habe, muß sich Fink plötzlich eingestehen, daß er als Verkäufer von Fertighäusern im Grunde genommen nie die Wahrheit gesagt hat, da diese selten so gut waren, wie er den Kunden gegenüber immer behauptete. Fink war beichten gegangen, weil er wegen des Seitensprungs unruhig geworden war, aber der Beichtakt wird für ihn zu einem Abenteuer, das ihn in eine unerwartete Situation versetzt: Fink erscheint nun als permanenter Lügner, und das macht seine normale Existenz aus. Böll verdeutlicht, wie schwer es ist, die christliche Moral im Alltagsleben einzuhalten.

Anfang der fünfziger Jahre schrieb Böll zwei Romane *Und sagte kein einziges Wort* (1953) und *Haus ohne Hüter* (1954), in denen er das Thema der inneren und äußeren Not in der Zeit des beginnenden Wirtschaftswunders schildert. Als erster großer literarischer Erfolg wurde *Und sagte kein einziges Wort* rasch in mehrere Sprachen übersetzt. Als das Buch 1957 in Rußland erschien, war Böll bereits ein international bekannter und renommierter, mit nationalen und internationalen Preisen ausgezeichneter Schriftsteller, der als prominentester Autor der Bundesrepublik galt. In dem Roman *Und sagte kein einziges Wort* geht es Böll vor allem darum, die positiven und negativen Möglichkeiten der katholischen Kirche herauszuarbeiten, wie die Gegensätzlichkeit von Amtskirche und praktiziertem Christentum. In dreizehn Kapiteln fassen die Eheleute Fred und Käte Bogner ihre Erfahrungen in ihrer trostlosen und zerrütteten Ehe und ihre Erlebnisse des vergangenen Wochenendes in abwechselnden Monologen zusammen, ohne daß sich die Erzähler aufeinander beziehen oder in die Zukunft schauen würden. Böll benutzt hier die Erzähltechnik der Bewußtseinsdarstellung, um Erinnerungen, Gedanken und Reflexionen, also auch geistige und psychische Vorgänge, wiederzugeben; er kann somit auf eine objektive Sichtweise verzichten. Wegen der ehelichen Schwierigkeiten, aber auch wegen der räumlichen Enge, in der Fred mit seiner Frau und den drei Kindern hausen muß, hat er die Familie verlassen, treibt sich in der Stadt herum, trinkt, verspielt geliehenes Geld und trifft sich mit Käte in schäbigen Hotels und Parkanlagen. Die Zuweisung einer Wohnung scheiterte nach jahrelangen Versuchen an einem Pfarrer und an der bigotten Vermieterin Frau Franke. Aber Fred weiß, daß Wohnraum fast ungenutzt leer steht, denn ab und zu schläft er im Keller einer monatelang unbewohnten geräumigen Villa. Der Bischof ist mit dem Besitzer befreundet und scheint nichts Unrechtes darin zu sehen, daß dieser Wohnraum ungenutzt bleibt, während Menschen unter der Wohnungsnot leiden.

Käte erträgt schweigend ihr schweres Leben durch das Gebet, auch wenn sie von Hotelbesitzern gedemütigt wird, da man sie, wenn sie sich mit ihrem Mann trifft, für eine Prostituierte hält. Sie kümmert sich allerdings liebevoll um ihre Kinder und hält die Einzimmerwohnung peinlich sauber, ordnet sich ansonsten aber unter. Die Ehe, die eigentlich eine Gemeinschaft von Liebenden sein sollte und im Grunde Geborgenheit garantieren müßte, wird hier durch widrige Lebensbedingungen vereitelt. Und Böll verdeutlicht, daß gerade die Kirche zu diesem Zustand beiträgt, da sie sich als eine der Ordnung repräsentierende Organisation darstellt. Als das Ehepaar einmal an einer Prozession teilnimmt, treten immer wieder Eindrücke von einem Drogistenkongreß hinzu, nicht zufällig, denn die Drogisten bieten ebenfalls Mittel an, die den Menschen beruhigen sollen, und als Organisation hat die katholische Kirche nichts anderes anzubieten als Beruhigungsmittel. Aber weiterer solcher Beruhigungsmittel bedürfen beide nicht, denn Käte hat ein solches bereits in dem Haß auf die bigotte Frau Franke gefunden, die an ihrem Elend schuld zu sein scheint, und ihr Mann Fred flüchtet in den Alkohol. Was beide benötigen, ist etwas anderes, nämlich eine entscheidende Zusprache.

Käte hört einmal ein Lied im Radio, das von Jesus handelt, der das Leiden klaglos auf sich nahm – ». . . and he never said a mumbaling word . . . . . . und er sagte kein einziges Wort. . .« (W 2,107). Dieses Lied ist der erste Schritt in Richtung wirklicher Beruhigung. Ein Geistlicher, ein »Bauernpriester«, dem Käte ihre Verbitterung beichtet, beschwört sie, den Haß zu überwinden. Und bei Fred stellt sich die Beruhigung durch den Gedanken an seine Kinder ein. Beide Eheleute kennen eine andere Familie, Besitzer einer Imbißstube, deren äußere Verhältnisse noch schlimmer als die eigenen sind, und doch strahlt von ihr ein außergewöhnlicher Friede aus; in dieser Familie zeigt sich wahres christliches Handeln und tätige Nächstenliebe, das seine außerordentliche Wirkung auf Fred und Käte hat. Die Frau wird frei von ihrem Haß, und ihr Mann kehrt zur Familie zurück.

In diesem Roman zeigen sich Widerstände von außen und innen, die scheinbar nicht zu überwinden sind. Erst durch den Anruf eines Bauernpriesters und durch das Kennenlernen eines anderen Schicksals zeigt sich die Bereitschaft, das eigene Los hinzunehmen. Böll wollte sicherlich mit der Person des Bauernpriesters zu verstehen geben, daß die eigentliche Arbeit der Kirche durch Leute wie ihn geleistet wird, während Personen wie Frau Franke an der christlichen Aufgabe versagen.[19] Der Roman ist demnach mehr als eine kompromißlose Anklage gegen die Mentalität des Wirtschaftswunders und Klerikalismus.

In *Haus ohne Hüter*, 1954 erschienen, zeigt Böll die typische Situation der Nachkriegszeit auf, die dadurch geprägt ist, daß Frauen und Kinder ohne ihre im Krieg gefallenen Ehemänner und Väter weiterleben müssen, wodurch sich scheinbar unüberwindliche Schwierigkeiten in der kleinbürgerlichen Lebenswirklichkeit ergeben. Böll läßt die Handlung aus der Innensicht von fünf Hauptpersonen erzählen,

---

19 Hierzu die Interpretation von Walter Falk: *Epochale Hintergründe der antiautoritären Bewegung*, Frankfurt a. M. / Bern 1983, S. 131 f.

die sich von Abschnitt zu Abschnitt abwechseln; er wählte damit eine Erzähltechnik wie in *Wo warst du, Adam?*
Im Zentrum stehen die beiden miteinander befreundeten Zwölfjährigen Heinrich und Martin sowie ihre Mütter, deren kummervolles Leben richtungslos geworden ist. Aus der Sicht der Jungen, die beide ihre Väter im Krieg verloren haben, erscheinen Moralbegriffe und Handlungsweisen anders als aus der Sicht der Erwachsenen, was zu einer »Doppelperspektive des Erzählens«[20] führt. Heinrichs Situation ist trostlos, weil er sehr auf sich selbst gestellt ist; er muß für seine Stiefschwester sorgen und das immer knappe Haushaltsgeld verwalten, während seine Mutter häufig ihre Partner wechselt und sog. Onkelehen führt, eine Abtreibung vornehmen läßt und schließlich ein uneheliches Kind bekommt, bis sie zuletzt bei einem Bäcker unterkommt. Schon sehr früh wird Heinrich mit den Problemen der Erwachsenen, auch mit denen der Sexualität, konfrontiert. Demgegenüber stammt sein Freund Martin aus einer wohlhabenden Familie. Sein Vater Rai Bach war ein berühmter Dichter, wurde aber im Krieg von einem Offizier namens Gäseler unnötig in den sicheren Tod geschickt. Von seiner Großmutter wird Martin immer wieder an diesen sinnlosen Tod erinnert; aber auch seine Mutter Nella, die im Leben keinen Sinn zu sehen scheint, haßt den Offizier. Aus der Haltung des Hasses und der immer noch engen Bindung an den gefallenen Mann heraus ist sie nicht in der Lage, neue Beziehungen einzugehen oder sich intensiv um ihren Jungen zu kümmern. Martin leidet wie sein Freund Heinrich unter der fehlenden Geborgenheit. Zufällig kommt es zum Zusammentreffen zwischen Nella und Gäseler, der Gedichte ihres Mannes in eine Anthologie aufnehmen will. Aber die Witwe ist nicht fähig, Rache zu üben, von der sie immer wieder gesprochen hat. Gäseler hat sich mit den Nachkriegsverhältnissen arrangiert und führt ein völlig nor-

---

20 Jochen Vogt, *Heinrich Böll*, München 1987, S. 54.

II. Autor und Werk

males Leben, wobei er mit Erfolg versucht, die schuldbeladene Vergangenheit zu verdrängen. Lediglich Albert, Rai Bachs und Nellas Freund, traktiert Gäseler mit seinen Fäusten, um somit ein wenig zur Vergangenheitsbewältigung beizutragen.

Die Verarbeitung der Vergangenheit ist für Böll eine wichtige Voraussetzung zur Bewältigung von Gegenwart und Zukunft. Dieser Zusammenhang wird in *Haus ohne Hüter* zum ersten Mal klar herausgearbeitet;[21] das Thema wird Böll aber in weiteren Texten wieder aufgreifen. Neben den Themen Vergangenheitsbewältigung und Orientierungslosigkeit tritt als weiteres zentrales Motiv die Klassengesellschaft hervor. Während Martins Leben von Reichtum und Luxus geprägt ist – seine Großmutter ist Besitzerin einer Fabrik, und seine Mutter muß nicht arbeiten –, spielt sich Heinrichs Leben in Armut ab. Außerdem macht der Junge in der Schule die Erfahrung, daß Kinder begüterter Eltern anscheinend mehr wert sind und gesellschaftliche Vorteile genießen. Schule erscheint in *Haus ohne Hüter* »als Symbol einer repressiven, restaurativen Gesellschaft. Martins Schule versäumt ihre Pflicht, die Kinder über die wahre Natur des Nationalsozialismus aufzuklären [...]. Die Schule ist der Ort, an dem individuelle Charakterstärke ›gebrochen‹ wird.«[22]

Zu dem Themenkreis der moralischen Geschichten gehört ebenfalls die Erzählung *Die Waage der Baleks*, die zunächst 1952 im Süddeutschen Rundfunk ausgestrahlt, danach erst gedruckt veröffentlicht und dann immer wieder, besonders in Schulbüchern, abgedruckt wurde. Während aber die übrigen Erzählungen dieser Jahre einen Gegenwartsbezug aufweisen, wählte Böll hier die historische Perspektive, die sozialen Verhältnisse in einem böhmischen Dorf um die Jahrhundertwende.

Für eine andere Gruppe von Kurzgeschichten ist das litera-

---
21 Vogt (Anm. 20), S. 56.
22 J. H. Reid, *Heinrich Böll. Ein Zeuge seiner Zeit*, München 1991, S. 141.

rische Stilmittel der Ironie und der Satire kennzeichnend.
1951 beteiligte sich Böll mit weiteren 24 Autoren an einer
Lesung der damals schon bekannt gewordenen, von Hans
Werner Richter gegründeten *Gruppe 47*[23], die ein Forum für
junge Schriftsteller bildete. Für die Lesung seiner kleinen
beißenden Geschichte *Die schwarzen Schafe* erhielt Böll
den Preis in Höhe von 1000 DM, gestiftet als Spende von
einer amerikanischen Reklamefirma. Die Mitbegründer dieser literarischen Vereinigung beabsichtigten in diesem Jahr,
einem neuen Autor eine Chance zu geben, »und ein Neuer
ging dann auch schließlich bei der Abstimmung über die
preiswürdigste Arbeit durchs Ziel«, schrieb *Das literarische
Deutschland* über das Treffen in Bad Dürkheim. »Es war
Heinrich Böll, der dreiunddreißigjährige Kölner Erzähler
[...]. Wenige Tage vor Beginn der Tagung war er arbeitslos
geworden. Jetzt konnte er mit den tausend Mark [...] der
Gruppe 47 heimfahren. Er hatte mit seiner Geschichte von
den schwarzen Schafen bewiesen, daß er nicht nur über eine
breite menschliche Substanz und einen feinen Humor verfügt, sondern auch brillant und mit scharfer Pointierung zu
erzählen versteht.«[24] Und *Die Zeit* lobte den neuen Ton:
»Da war der Humor, der so fehlt. Und wenn man an das
unerforschte Walten des Zufalls glaubt, dann hat der richtige Mann diesen Preis bekommen.«[25]

Für den neuen Preisträger der *Gruppe 47* verbesserten sich
unversehens die wirtschaftlichen Verhältnisse: Böll nannte
sich seitdem »freier Schriftsteller«, und seine Frau Annemarie konnte ihren Lehrerberuf aufgeben, um sich der Familie,
besonders der Erziehung der Söhne Raimund, René und
Vincent zu widmen. In diese Zeit fiel auch sein Entschluß,

---

23 Zu dieser Gruppe gehörten von Anfang an Autoren wie Walter Kolbenhoff, Alfred Andersch, Wolfdietrich Schnurre, Günter Eich und andere, die in der Zeitschrift *Der Ruf* und nach dessen Verbot in *Der Skorpion* ihre literarischen Arbeiten veröffentlichten.
24 *Das Literarische Deutschland* vom 20. Mai 1951, in: *Die Gruppe 47. Ein Handbuch*, hrsg. von Reinhard Lettau. Neuwied/Berlin 1967, S. 60.
25 *Die Zeit* vom 24. Mai 1951, in: *Die Gruppe 47* (Anm. 24), S. 65.

vom Middelhauve Verlag zum Kiepenheuer & Witsch-Verlag zu wechseln, der ihm einen monatlichen Vorschuß von DM 400 gewährte. Böll verfaßte bis zu seinem Tod Vor- und Nachworte zu einzelnen Werken bzw. zu Werkausgaben, so zu denen von Wolfgang Borchert oder Joseph Roth, schrieb Reportagen, Essays, hielt Vorträge oder besprach in zahlreichen Zeitungen in- und ausländische Literatur. Diese Arbeit wurde für Böll nicht allein wegen der nun regelmäßig fließenden Einnahmen außerodentlich wichtig, sondern sie führte möglicherweise zu einer dichterischen Arbeit hin. Eine weitere Einnahmequelle garantierte gleich zu Beginn der fünfziger Jahre der Rundfunk, für den er bereits Veröffentlichtes zu Hörspielfassungen umarbeitete. Sein erstes Hörspiel, *Die Brücke von Berczaba*, basiert auf einem Kapitel des Romans *Wo warst du, Adam?* und wurde 1952 gesendet. In kurzen Abständen folgten weitere Hörspiele, die Böll z. T. erst später in eine Textsammlung aufnahm oder aus einem längeren epischen Text entnahm.[26] Er wählte aber auch Texte anderer ihm nahestehender Autoren als Grundlage für seine Hörspielbearbeitungen aus,[27] oder er verfaßte für das Radio Essays über Schriftsteller, die für ihn eine Vorbildfunktion innehatten. Schließlich ließ er auch Dichtungen im Radio verlesen.

Für seine Hörspiele griff Böll auf Themen zurück, denen er sich als Erzähler bereits gewidmet hatte. Bekannt geworden ist *Zum Tee bei Dr. Borsig*, ein Hörspiel, das 1955 der Hessische Rundfunk ausstrahlte und das 1961 gedruckt er-

---

26 1952 wurde *Die Waage der Baleks* im Süddeutschen Rundfunk gesendet und erst später in einer Sammlung von Geschichten veröffentlicht. Dem Hörspiel *Ein Tag wie sonst*, 1953 im Hessischen Rundfunk ausgestrahlt, liegt ein Kapitel von *Und sagte kein einziges Wort* zugrunde. *Die Kaffeemühle meiner Großmutter* (1962) ist eine Funkerzählung nach den beiden Texten *Als der Krieg ausbrach* und *Als der Krieg zu Ende war*.
27 Z. B. *Das Lächeln*, 1953 vom WDR ausgestrahlt, geht auf einen Roman von Francis Stuart zurück. Zu nennen wäre auch das Hörspiel *Eugénie Grandet* (1958), das Böll nach einem Roman von Honoré Balzac bearbeitete.

schien. Im Mittelpunkt der Handlung steht ein Dichter, der sich weigert, Werbesprüche zu verfassen, um nicht bei Menschen Angst zu erzeugen.

Die Satire *Nicht nur zur Weihnachtszeit* wurde Ende 1951 zu Bölls erstem großen Erfolg. Mit Tante Milla, der Zentralfigur, wählte er einen Repräsentanten einer etablierten, aber ausgearteten gesellschaftlichen Schicht, um die Wirklichkeit mit ihren Widersprüchen aufzudecken und übersteigert darzustellen.

Von der Rundfunkarbeit handelt auch die Ende 1955 erschienene Satire *Doktor Murkes gesammeltes Schweigen*. Murke muß als Redakteur Vorträge des berühmten und einflußreichen Bur-Malottke überarbeiten und, da dieser über Nacht seine Weltanschauung geändert hat, den Namen Gott durch die Wendung »jenes höhere Wesen, das wir verehren« ersetzen. Murke läßt das Wort Gott aus den Rundfunkreden herausschneiden und durch die unverbindliche Benennung ersetzen. Das nun herausgeschnittene Wort »Gott« wird in einer anderen Sendung verwendet, in der als Antwort auf Fragen eines Atheisten nur Schweigen vorgesehen war. An die Stelle des Schweigens soll nun das von Bur-Malottke gesprochene Wort »Gott« eingefügt werden. Murke nimmt jedoch die Tonbandschnipsel mit dem reinen Schweigen mit nach Hause.

Mit der im Mittelpunkt stehenden Figur deckt Böll eine Normalität auf, die wiederum aberwitzige Züge trägt. In seinen Satiren verfolgt Böll das Ziel, auf die Widersprüchlichkeit der fünfziger Jahre, die Jahre der Wirtschaftswunderepoche der Bundesrepublik, hinzuweisen. Dieses Jahrzehnt wird gleichzeitig zum Jahrzehnt der klassischen Satire Bölls.[28]

Seine beiden Theaterstücke *Ein Schluck Erde* und *Aussatz* wurden keine Erfolge. Das erste Drama, 1961 im Düsseldorfer Schauspielhaus uraufgeführt, zeigt den Versuch von Menschen, nach einer Katastrophe zu überleben, ohne daß

---

28 Jeziorkowski, »Heinrich Böll«, in: *Deutsche Dichter*, hrsg. von Gunter E. Grimm und Frank Rainer Max, Bd. 8, Stuttgart 1994, S. 214.

Böll eine Lösung zu bieten hätte. Das zweite Stück beruht auf einer Hörspielfassung und wurde 1970 in Aachen uraufgeführt; Böll arbeitete diese Bühnenfassung für die Aufführung 1971 in Bamberg noch einmal um, ohne jedoch den Hörspielcharakter zu vermeiden. Hier widmet sich Böll der theologisch-pastoralen Thematik: Ein Selbstmord eines jungen Theologen hat bereits stattgefunden, bevor die Motive für den Freitod und der Versuch der Kirchenführung, diese zu verschleiern, aufgedeckt werden. Das Stück endet mit einem Affront gegen die Amtskirche. »Das Stück ist ein fundamentaler Angriff auf die Institutionen: wieder einmal auf die katholische Kirche, aber auch auf die Polizeibehörden, das medizinische Establishment [...]. Böll benutzt Stilelemente des billigen Theaters.«[29]

Seit den fünfziger Jahren widmete sich Böll immer intensiver politischen, auch tagespolitischen Themen, sowohl im Rundfunk als auch in Zeitschriften. Letztendlich beabsichtigte er, den Deutschen einen Spiegel vorzuhalten, um ihnen ihre Feigheit zu zeigen, sich mit der jüngsten Vergangenheit auseinanderzusetzen und den kritischen Fragen der Gegenwart zu stellen. Böll behandelte politische Fragen, setzte sich dabei auch mit antisemitischen Ausschreitungen und der Wiederbewaffnung auseinander. Ihm ging es gleichzeitig im erzieherischen Sinn um ethische Fragen und um die Verantwortung gegenüber der Geschichte. Seine politische Publizistik sollte aber erst im Verlauf der sechziger Jahre an Breite und Schärfe gewinnen. Schon früh griff er die umweltpolitische Problematik auf, etwa 1958 im Vorwort zu dem Band *Im Ruhrgebiet*: »[...] was man jetzt an Natur noch sieht, wirkt wie eine Vortäuschung von Natur. [...] In manchen Brennpunkten stirbt sogar das Chlorophyll, tragen Bäume keine Früchte mehr [...]. Nur selten dringt die Sonne durch die Dunstglocke, und dieser Raub geschieht seit einem Jahrhundert« (I,246). Diese Stellungnahme zu einer aktuellen Problematik löste, wie auch seine Zeitkritik in

---

29 Reid (Anm. 22), S. 225 f.

den Jahren danach, eine kontroverse Diskussion um die Rolle Bölls aus, an der sich sowohl Politiker, Gewerkschafter und Kirchenvertreter als auch Literaturkritiker beteiligen sollten.
In der 1955 erschienenen Erzählung *Das Brot der frühen Jahre* stellt Böll nicht nur die Hungerjahre nach dem Kriegsende dar, sondern übt hier auch seine Kritik an gesellschaftlichen Verhältnissen. Im Mittelpunkt steht jedoch die Kraft der Liebe, die zu einer neuen Lebenskraft beiträgt.
Der Katholik Heinrich Böll verabscheute die heuchlerische Anpassung vieler Menschen an die restaurativen Verhältnisse sowie an die katholische Kirche, weshalb es nicht verwundert, daß er bereits in den 50er Jahren in heftige Kontroversen verwickelt wurde. Durch seine Auslandsreisen und -aufenthalte suchte er jedoch Abstand vom Leben in der Bundesrepublik Deutschland zu gewinnen. Nach seiner ersten Irland-Reise 1954 hielt er sich mit seiner Familie wiederholt auf der Insel auf und verarbeitete seine Erfahrungen mit den Menschen und ihrem Verhalten 1957 im *Irischen Tagebuch* in achtzehn unterschiedlich langen Erzählungen. Reisen in andere Länder folgten: 1956 nach Schweden, 1962 zum ersten Mal in die Sowjetunion, wohin es ihn später wiederholt zog und wo er Freundschaft mit Alexander Solschenizyn und Lew Kopelew schloß, für deren Emigration er sich einsetzte. Weitere Reisen führten ihn u. a. in die USA, nach Israel, in die ČSSR, immer und oftmals ungewollt als kultureller Repräsentant seines Landes.
1959 ist für die westdeutsche Literaturgeschichte ein besonderes Jahr, das gleichsam eine Zäsur in der Literaturgeschichte darstellt, weshalb diese Zeit auch als das »bundesdeutsche Literaturwunder« bezeichnet wird.[30] Es erschienen drei Romane, die wegweisend für die moderne deutsche Literatur werden sollten, da ihre Autoren mit einem neuen Stil zugleich auch wichtige Themen verbanden. Zudem wur-

---

30 Elisabeth Endres, *Die Literatur der Adenauerzeit*, München 1980, S. 231.

II. Autor und Werk

Heinrich Böll und Alexander Solschenizyn 1974

den zwei neue Autorennamen bekannt, und weitere junge und richtungweisende Schriftsteller traten ein Jahr später an die Öffentlichkeit, was insgesamt auf einen Generationswechsel hinwies. Die drei großen Romanciers hießen Uwe Johnson, Günter Grass, die bisher unbekannt waren, und Heinrich Böll. Uwe Johnson war aus der DDR geflohen und hatte seinen Roman *Mutmaßungen über Jakob* im Westen veröffentlicht. Während es Johnson um die Bearbeitung seiner DDR-Problematik ging, wandte sich Günter Grass in *Die Blechtrommel* ebenso wie Heinrich Böll der jüngsten deutschen Geschichte zu. Das Skandalöse an Grass' Roman war zum einen das Sexuelle, das er thematisierte, zum anderen das Trommeln der Hauptperson Oskar, denn Grass ließ einen Zwergwüchsigen die braune Vergangenheit und die damit verbundene Schuld ins Gedächtnis der Leser zurück-

trommeln. Grass wählte moderne erzählerische Mittel, er blendete zurück, schob Erzählebenen ineinander und verwendete Bilder in einer besonderen Art, um auszudrücken, daß vieles, was der Rezipient als gewohnt ansah, genaugenommen nicht mehr stimmte. In diesem Jahr erschien auch Bölls Roman *Billard um halbzehn*, der ebenfalls in die jüngste deutsche Geschichte zurückgriff und aus dem Leben von drei Generationen einer Architektenfamilie erzählt.
Den nächsten großen Roman, *Ansichten eines Clowns*, veröffentlichte Böll 1963. Daraufhin folgte eine Zeit, in der sein dichterischer Schaffensprozeß nachließ, bis ihm 1971 mit *Gruppenbild mit Dame* der Anschluß an die Weltliteratur gelang. Die ausgehenden fünfziger und die sechziger Jahre waren geprägt von einer enormen Produktivität im Bereich der Essayistik, außerdem wurde Bölls politisches Auftreten schärfer, und er legte einige bemerkenswerte Kurzgeschichten vor. Diese Zeit vom Mauerbau 1961 in Berlin über den Rücktritt Adenauers als Kanzler im Jahre 1963, der Bildung der großen Koalition unter Bundeskanzler Kiesinger und Vizekanzler Brandt 1966 bis zu den großen Demonstrationen der Jahre 1967/68 war in der Geschichte der Bundesrepublik gekennzeichnet von einer politischen Umorientierung und wachsenden Protesthaltung vorwiegend jüngerer Staatsbürger. Böll hatte in dieser Zeit sein Ansehen bewußt auch dazu eingesetzt, um politisch Einfluß nehmen zu können. Dennoch hielt er sich parteipolitisch anfangs sehr zurück und hob zunächst bis zum Regierungsantritt Willy Brandts 1969 als Bundeskanzler seine Distanz zur SPD mehrfach deutlich hervor, denn er sah in der Sozialdemokratie, im Gegensatz zu Günter Grass oder Martin Walser, die sich beide wahlkämpferisch engagierten, keine Alternative zur CDU. Böll beharrte zunächst vielmehr auf der durchaus radikalen Position eines nonkonformistischen Christen, ohne in der Politik oder im Literaturbetrieb ein »linkes« Bewußtsein erkennen oder anerkennen zu können: »Ich weiß nicht, was heute links sein

II. Autor und Werk

könnte«, lauten die einleitenden Sätze eines Essays. »Die offizielle Linke hat ihren rechten Flügel, die Rechte ihren linken Flügel, ich höre die Flügel rauschen und weiß doch: kein Vogel erhebt sich in die Lüfte« (II,215). Böll verdeutlichte sein politisches Bewußtsein in mehreren Reden und kleineren Schriften, wenn er sich mit der katholischen Amtskirche auseinandersetzte und vor den Folgen der Wiederbewaffnung warnte[31] oder im Norddeutschen Rundfunk zum Eichmann-Prozeß Stellung bezog und die Befehlsverweigerung zu einer Tugend erhob (II,135–138). Ihm ging es dabei in der Auseinandersetzung mit dem 1961 in Israel vor Gericht gestellten Massenmörder Adolf Eichmann um Befehl und Verantwortung. Böll hielt es für vorstellbar, daß dieser wegen seiner Normalität auch in der Bundesrepublik Deutschland »als Versicherungsvertreter an unsere Tür« kommen könnte (II,134). Aus diesem Grund verwundert es nicht, daß auch Böll zu denjenigen Autoren der *Gruppe 47* gehörte, die im November 1960 eine Erklärung zum Algerien-Krieg unterzeichneten und sich mit den Unterzeichnern eines Manifestes über das Recht auf Befehlsverweigerung in diesem Krieg solidarisierte.[32] Ferner demonstrierte er 1965 – wiederum im Rahmen einer Initiative der *Gruppe 47* – seine Verbundenheit mit Martin Luther King und der amerikanischen Bürgerrechtsbewegung.[33]

Bölls Essayistik hatte sich gewandelt: Während sie sich in den fünfziger Jahren noch besonders auf die pessimistische Kommentierung der Zeitabläufe beschränkte, mischte sie sich nun in die politische Auseinandersetzung ein. Ende der sechziger Jahre unterstützte Böll dann offen die Belange der Außerparlamentarischen Opposition (APO) und wandte sich in einer Rede im Bonner Hofgarten 1968 gegen die Politik der Notstandsgesetzgebung (III,283–286).

---

31 So im *Nachwort zu Carl Amery, »Die Kapitulation«*, II, 224–227. Zu diesem Thema auch Bölls *Brief an einen jungen Katholiken*, I,257–272, und *Brief an einen jungen Nichtkatholiken*, III,212–223.
32 *Die Gruppe 47* (Anm. 24), S. 452.
33 *Die Gruppe 47* (Anm. 24), S. 459–462.

In der satirischen Erzählung *Keine Träne um Schmeck* (W 4,46–66) aus dem Jahr 1962 nimmt Böll das Thema vorweg, das in den folgenden Jahren der antiautoritären Bewegung die Diskussion an den westdeutschen Hochschulen bestimmen sollte: Die Auseinandersetzung der Studenten mit den allmächtigen Ordinarien und den autoritären Strukturen der Universitäten. Der nichtauktoriale Erzähler berichtet, als würde er einer Kameraeinstellung folgen, von einem Tag aus dem Leben des Studenten Rudolf Müller, der dessen Sein grundlegend verändern sollte. Müller erfährt gegen Ende einer Vorlesung des allseits geschätzten und berühmten Professors Schmeck, daß dieser ihm das Thema der Doktorarbeit »Zur Soziologie des Lodenmantels« gestohlen und als sein eigenes geistiges Produkt der fasziniert lauschenden Hörerschaft verkauft hat. Sogar ganze Sätze erkennt der Student in der Vorlesung wieder, Sätze, die er mit viel Spaß und Energie selbst formuliert hatte. Müller ist entsetzt, muß dem Hörsaal entfliehen und sich in der Toilette übergeben: Er ist erstaunt, »daß er sich auf eine endgültige Weise nicht nur befreit, auch gereinigt fühlte« (W 4,48). Im Verlauf der weiteren Erzählung wird deutlich, daß der gesamte Universitätsbetrieb, besonders aber auch Schmecks wissenschaftliche Position, geprägt ist von einer autoritären Haltung, aber auch von Phantasielosigkeit und Sinnentleertheit. Zu Hause angekommen, bespricht Müller, dessen »Lebensnerv [...] abgeschnitten« zu sein scheint (W 4,56), das weitere Vorgehen mit der Verlobten Marie: Beide beschließen, um Genugtuung zu erlangen, sich noch am selben Abend an Schmeck zu rächen. Dieses sich liebende Paar vertritt Werte, die denen Schmecks entgegenstehen. Das Arbeiterkind Müller, von denen es an der Universität »nur fünf auf Hundert gibt, nur fünfzig auf Tausend« (W 4,55), führt ein statistisch angelegtes Tagebuch über sein Studium und beweist damit sein Streben nach Wahrheit. Als er sich bei Schmeck um eine Assistentenstelle beworben hatte, machte er seinem Professor vortreffliche wissenschaftliche

Vorschläge. Marie, die kurz vor der Abiturprüfung die Schule verlassen hatte, weil sie sich mit Wissen vollgestopft fühlte – was sie mit Völlerei vergleicht – und lieber die Arbeit in der richtigen Produktion vorzieht, repräsentiert ebenfalls eine Gegenposition, in der auch christliche Wertmaßstäbe enthalten sind. Marie wird Müllers »Gehilfin« genannt (W 4,66), womit Böll an die Genesis-Stelle von der Erschaffung des Menschen und der Vertreibung aus dem Paradies erinnert. Während Müller und Marie ihr Vorgehen diskutieren, beschließen sie sogar, Professor Schmeck umzubringen oder zumindest zu verprügeln. Sie lauern ihm dann auf, verzichten jedoch auf eine körperliche Auseinandersetzung, da er einen Hund bei sich führt. Als sich beide Gegner gegenüberstehen, der Student und sein Professor, gelingt es Müller, durch Schmeck hindurchzusehen und so zu tun, als existiere der Widersacher gar nicht: »Schmecks Augen nicht zu treffen; [...] er ist da, und ich lösche ihn mit meinen Augen aus« (W 4,64). Später gesteht Marie, Angst vor ihrem Geliebten zu haben: »das war kein Überfall, sondern Mord« (W 4,64). Sie soll aber, entgegnet ihr Verlobter, »keine Träne um Schmeck« vergießen. Um den Professor auch wissenschaftlich zu vernichten, entschließt sich Müller, bei dessen Gegner eine Dissertation über das Thema »Kritische Würdigung des Gesamtwerkes von Schmeck« mit haßerfülltem Herzen zu schreiben. Mit Haß will Müller sich nun auf sein Hauptanliegen, Schmeck zu vernichten, konzentrieren, was ihm nur gelingt, wenn er ihn als Person ignoriert, durch ihn hindurchsieht, als existiere dieser nicht, als sei er zumindest etwas Nebensächliches. Müller nimmt sich aber dabei auch das Recht heraus, über die Wahrheit zu verfügen: Mit dieser Einstellung verhält sich Müller autoritär, ebenso autoritär, wie sich viele Vertreter der antiautoritären Bewegung, vorwiegend Jugendliche, in den sechziger Jahren verhalten werden. Ob die männliche Hauptperson die billigende Zustimmung des Moralisten Böll besitzt, wenn er den Haß als »eine gute Tinte«, die Liebe dagegen als die »schlechteste Tinte« für seine Dissertation bezeichnet (W 4,66), wird durch die Wahl der Textform Satire in Frage gestellt. Mit der ironischen Haltung nimmt Böll die Spitze der Endaussage zurück und deutet eine gewisse Kritik am Handeln der Hauptperson an.

Im selben Jahr 1962 erschien die Erzählung *Als der Krieg zu Ende war* (W 4,28–46), in der Böll ebenso wie in *Als der Krieg ausbrach*, 1961 in der *FAZ* vorveröffentlicht (W 4,11 bis 28), das Kriegsthema wieder aufgriff, allerdings nun mit einer veränderten Sichtweise, denn nun beschrieb er das militärische und zivile Leben nicht mehr im Rahmen der Normalität. Die Hauptperson der Geschichte beabsichtigt, wie sein gefallener Freund, die Militärmaschinerie zu stören. In *Als der Krieg zu Ende war* versucht ein junger Soldat aus der Gefangenschaft zu seiner Frau nach Hause zu kommen und findet dabei Unterstützung bei einer Fremden, die ihm ein Brot schenkt, bei einem alten Theologen und bei einer Prostituierten. Aber die meisten anderen Menschen stehen in Opposition zu einer Gemeinschaft, nach der er sich sehnt, verkörpern jene Besitz- und Machtgier, die erst den Krieg und damit auch die Zerstörungen in der Heimat und die Trennung der Liebenden herbeigeführt haben. Indem sich der Ich-Erzähler mit ihnen auseinandersetzt, beginnt er zu hassen.[34] In dieser Erzählung wird ebenso wie in *Keine Träne um Schmeck* und in *Als der Krieg ausbrach* ein starker Wille erkennbar, sich mit dem in der Wirklichkeit Gegebenen, dem Doktorvater, der Militärmaschinerie, der Besitz- und Machtgier der Menschen des »Zusammenbruchs«, auseinanderzusetzen und diesen Bereich rigoros abzulehnen.

1963 erschien der Roman *Ansichten eines Clowns* (W 4,67 bis 269), in dessen Mittelpunkt der Ich-Erzähler und Außenseiter Hans Schnier steht, der die Trennung von seiner Freundin Marie nicht verkraften kann. Schnier setzt sich

---

34 Falk (Anm. 19), S. 132 f.

mit religiösen Fragen auseinander, aber auch mit den Ordnungsprinzipien der bundesdeutschen Gesellschaft, die geprägt sind von Heuchelei und falschem Ehrgeiz. Bald nach seinem Erscheinen wurde dieser Roman als Angriff auf die katholische Kirche gedeutet, was sogar zum Verkaufsboykott bei katholischen Buchhändlern führte. Da Böll außerdem die Bundeshauptstadt Bonn als Schauplatz der Handlung gewählt hatte, zog es den Autor auch in eine Auseinandersetzung mit Politikern hinein.

Mit einer Gegenwartsproblematik, die im Bereich der Bundeswehr, der Justiz sowie der Kunst angesiedelt ist, beschäftigt sich auch die Erzählung *Ende einer Dienstfahrt* (W 4,353–506), die 1966 die Tageszeitung *Die Welt* vorabdruckte. In den Mittelpunkt der antimilitärischen Geschichte stellt Böll die Langeweile des Bundeswehralltags, das sinnlose Hin- und Herfahren mit Militärfahrzeugen, nur um eine bestimmte Kilometerleistung zu erreichen, sowie das Verbrennen eines Jeeps. Dieser Vorgang, das Übergießen des Fahrzeugs mit Benzin, um es anschließend anzuzünden, wird vor Gericht von einem Sachverständigen als künstlerisches Happening, als Kunstwerk »von hohem Rang« (W 4,483), anerkannt. Schließlich endet die Geschichte damit, daß eine alte Dame die Strafe bezahlt und sogar für das alljährliche Verbrennen eines Bundeswehrjeeps einen Geldbetrag stiftet.

Böll kritisierte in dieser Erzählung auf ironische Weise nicht nur die Monotonie und Unproduktivität bei der Bundeswehr, sondern auch die Absurdität der Gerichtsbarkeit. Dem setzt er mit dem Verbrennen des Bundeswehrfahrzeugs einen Akzent entgegen, der ganz im Sinne der antiautoritären Bewegung zu sehen ist, deren Zielsetzung es u.a. war, mit Happenings in der Öffentlichkeit nicht nur zu provozieren, sondern sie auch als phantasievolle Kunstprodukte zu deklarieren. Während die oberste Staatsbehörde anscheinend den Fall nicht in allen Einzelheiten an die Öffentlichkeit gelangen lassen will, ist der Erzähler jemand, der J. H. Reid zufolge entschlossen ist, sich nicht auf die Seite der Bürokratie zu stellen, sondern das veröffentlicht, was eigentlich nicht zur Veröffentlichung bestimmt ist. »Der Erzähler ist eine Art Günter Wallraff, das Bindeglied zwischen der Welt des Romans und der des Lesers [...]«, um zu erreichen, daß die Opfer der Böllschen Erzählung nicht mehr allein in der Gesellschaft dastehen, sondern Solidarität durch die Rezipienten erfahren.[35]

Die Jahre 1967 und 1968 bilden einen Wendepunkt in der Literaturgeschichte Westdeutschlands, der unter der Bezeichnung »Tod der Literatur« in die Annalen einging. 1967 fand die letzte Sitzung der *Gruppe 47* statt, nachdem auf der Tagung in den USA im Jahr 1967 mit dem provozierenden Auftritt Peter Handkes und dessen Vorwurf, die Gegenwartsliteratur litte unter einer »Beschreibungsimpotenz«, sich das Ende bereits angekündigt hatte. Die Maxime, als Autor ideologiefrei zu handeln, die Trennung zwischen Literatur und Politik aufrechterhalten zu können, hatte ebensowenig eine Überlebensmöglichkeit wie das Festhalten an einem alten Literaturbegriff. Seit Anfang der 60er Jahre wandelte sich das Verhältnis der Schriftsteller zur Politik in einem allmählichen Prozeß. So etablierte sich auch eine neue Autorengeneration, für die die deutsche Nachkriegsgeschichte und das Wirtschaftswunder, aber nicht mehr die Zeit der nationalsozialistischen Herrschaft und der Weltkrieg prägend gewesen waren. Ihr zunehmendes politisches Engagement zeigte sich in der immer deutlicher werdenden Einmischung in gesellschaftliche Entwicklungen und politische Entscheidungen. So schloß sich ein Teil der Autoren der Außerparlamentarischen Opposition und der Studentenbewegung an und vertrat offen einen marxistischen Standpunkt. Einher ging damit auch ein anderes Literaturverständnis, das ausschließlich politische Themen in den Mittelpunkt stellte, um ein soziales Engagement zu demon-

---

35 Reid (Anm. 22), S. 206 f.

II. Autor und Werk

strieren, aber auch Leichtigkeit und Spielerisches. In dieser Entwicklung zeigten sich allerdings auch in allen Gattungen neue Formen des Schreibens, indem junge Autoren neue Möglichkeiten in der Erfassung der Wirklichkeit suchten und dabei literarische Experimente wagten, die häufig Experimente mit der Sprache waren oder sich als Hinwendung zum Underground sowie zur Utopie erwiesen. Zahlreiche Schriftsteller befürworteten jedoch die dokumentarische Methode, sammelten Protokolle, führten Interviews durch, schrieben Reportagen. Die Bandbreite der Dokumentarliteratur reichte von der unveränderten Wiedergabe der Dokumente bis hin zu ihrer Vermischung mit eigenen Kommentaren oder fiktiven Einfügungen mit dem Anspruch, die Wirklichkeit in jeder Einzelheit gründlicher erklären zu können. In der politisch zugespitzten Situation sollte die Realität selbst als Kunstwerk behandelt werden, was einer Distanzierung von der moralisierenden Position gleichkam, wie sie von Böll und anderen eingenommen worden war. Besonders in der Dokumentarliteratur verdeutlichte sich das alte Mißtrauen gegenüber der Kunst und der Fiktionalität, weshalb teilweise auch Sozialwissenschaftler die Rolle der Dichter übernahmen, da sie der damaligen Meinung zufolge objektiver informierten und auch Lösungsvorschläge erarbeiteten.
Böll hatte an diesen Tendenzen, in denen sich die Krise der Literatur und des Erzählens äußerte, nur einen indirekten Anteil, weil er diese Krise nicht mitvollzog, sie jedoch reflektierte. In seinem erfolggekrönten Roman *Gruppenbild mit Dame* (1971) nimmt der *Verfasser* die Position des Dokumentaristen ein. Böll verzichtete dennoch nicht ganz auf die Fiktionalität, wenn er seine Geschichte von der moralischen Entwicklung der Titelfigur Leni Pfeiffer auf mehreren Ebenen erzählt und sich dabei kritisch zu den gesellschaftlichen Zuständen äußert, aber auch Solidarisierungsmöglichkeiten aufzeigt.
Politisch engagierte sich Heinrich Böll 1969 für Willy

Brandt, den Kanzler der kleinen Koalition, und dessen Reformpolitik, weshalb es auch nicht fern lag, 1972 für dessen Wiederwahl zu werben. Als Böll im März 1970 als Festredner bei der Eröffnung der Woche der Brüderlichkeit auftrat, gab er sich deutlich als Vertreter der verfemten gesellschaftlichen Minderheiten zu erkennen (IV,144–150). Er ging dieser Aufgabe dann auch auf internationaler Ebene nach, indem er sich engagiert mit verfolgten Schriftstellern solidarisierte. Zwei Jahre später sprach ihm das Nobelpreiskomitee den angesehensten Literaturpreis zu, den Böll am 10. Dezember 1972 in Stockholm entgegennahm. Dieses ist gewiß die höchste Auszeichnung, die Böll nach Verleihung des Georg-Büchner-Preises im Jahre 1967 erhalten hat.

Anfang der siebziger Jahre setzte eine öffentliche Kampagne des Springer-Konzerns gegen die linksextreme Bewegung um Andreas Baader und Ulrike Meinhof ein, zu der Böll öffentlich Stellung bezog. Mit der Schlagzeile der *Bild*-Zeitung *Baader-Meinhof-Bande mordet weiter* vom 23. Dezember 1971 setzte sich Heinrich Böll am 10. Januar 1972 in dem *Spiegel*-Artikel *Will Ulrike Meinhof Gnade oder freies Geleit?* (IV,222–229) auseinander, da in seinen Augen in der Öffentlichkeit eine Vorverurteilung von Baader, Meinhof und Ensslin stattfand. Böll befürchtete den Abbau von Rechtsstaatlichkeit und attackierte den Springer-Konzern, den er auf dem Wege zu einer Monopolstellung bei der Bildung der öffentlichen Meinung in der Bundesrepublik sah, was zu einer heftigen Kampagne gegen den Autor führte. Deutlich hörbar reflektierte Böll die Rolle der Gewalt, von der er meinte, sie zeige sich nicht allein in Bomben und Pistolen, in Wasserwerfern und Steinen, sondern sie äußere sich auch publizistisch in einer erbarmungslosen Stimmungsmache und einer Verleumdung durch den Pressekonzern Springers (IV,285), was im Bewußtsein eines großen Teils der Bürger ein gefährliches Aggressionspotential auslöse (IV,257). 1974 führte Böll diese Diskussion mit seiner Erzählung *Die verlorene Ehre der Katharina Blum* fort, um

zu zeigen, wie durch Sprache den Menschen Gewalt angetan werden kann. Im Mittelpunkt der Handlung dieser Geschichte steht die siebenundzwanzigjährige Haushälterin Katharina, deren Leben sich durch Anständigkeit, Fleiß, Keuschheit sowie eine unpolitische Haltung so lange auszeichnet, bis sie sich in den von der Polizei beschatteten Ludwig Götten verliebt und dann selbst polizeilich verfolgt wird. Um ihre Ehre zu retten, die durch verantwortungslose Artikel eines Boulevard-Blattes zerstört worden ist, erschießt sie den hierfür verantwortlichen Journalisten.
Böll wählt als Erzähler einen vermeintlich objektiven Berichterstatter, der den vier Tage dauernden Kriminalfall mitteilt und über die Hintergründe nicht ohne satirischen Unterton berichtet. Diese Erzählung, die von der Literaturkritik dem Fundus der klassischen Novellen zugeordnet wird, war sehr erfolgreich, was sich nicht nur in den sehr hohen Auflagen, sondern auch in den zahlreichen Übersetzungen und der Verfilmung des Stoffes durch Volker Schlöndorff zeigt. Die Stimmungslage in der bundesdeutschen Republik der siebziger Jahre verarbeitete Böll auch 1975 in *Berichte zur Gesinnungslage der Nation*, in der er sich mit den Mitteln der Groteske mit der Gesinnungsschnüffelei und dem Verlust von Vertrauen auseinandersetzt. Die Titelgeschichte des 1979 erschienenen Erzählbandes *Du fährst zu oft nach Heidelberg* behandelt den seit Anfang der siebziger Jahre praktizierten Radikalenerlaß. In dieser Tradition der Fortschreibung steht schließlich sein vorletzter Roman *Fürsorgliche Belagerung* (1979), in dem er die Zerstörung des privaten Lebens zum Thema erhebt.
In der Öffentlichkeit wurde Böll weiterhin angegriffen und verleumdet; seinerseits verzichtete er aber auch in den nächsten Jahren nicht darauf, sich politisch einzumischen. Seine zahlreichen Aufsätze und Reden dieser Jahre sind durchzogen von einer immer schärfer werdenden Polemik, die seine moralische Position nicht immer festigte. Zusammen mit dem Graphiker Klaus Staeck und Freimut Duve gab Böll

1977 die *Briefe zur Verteidigung der bürgerlichen Freiheit* und 1978 die *Briefe zur Verteidigung der Republik* heraus, in denen namhafte Künstler, Wissenschaftler und Publizisten sich zum Thema Toleranz und Pluralität der Meinungen äußerten und sich gegen eine befürchtete Intellektuellenhetze wandten. Diese Beiträge, wie auch zwei weitere Textsammlungen[36] sowie viele Artikel, Vor- und Nachworte zu literarischen und politischen Büchern, dienten dem Anliegen des Moralisten, sich einzumischen und reaktionäre Tendenzen abzuwehren. Bölls kritische politische Einstellung zeigte sich dann zu Beginn der achtziger Jahre, als er sich zusammen mit zahlreichen überzeugten Pazifisten gegen die Gefahr eines mit Kernwaffen geführten Krieges wandte, nachdem die NATO 1979 die Nachrüstung beschlossen und sich eine internationale Friedensbewegung formiert hatte. Als einer der Hauptredner trat Böll 1981 auf einer Friedensdemonstration gegen die atomare Bedrohung und gegen die Verbreitung von Angst im Bonner Hofgarten auf (VII,201–208), einer Kundgebung, die zu den größten in der Geschichte der Bundesrepublik zählt. Dann nahm er 1983 an den Protestaktionen gegen die Stationierung von amerikanischen Mittelstreckenraketen auf deutschem Boden und an einer Blockade der Zufahrt zum amerikanischen Militärlager Mutlangen teil. Trotz angeschlagener Gesundheit hörte Böll nicht auf zu schreiben oder als Redner aufzutreten. In einem 1984 entstandenen autobiographischen Gedicht *Friedensbandit* verarbeitet Böll den Protest gegen die Abschreckungspolitik im gegenwärtigen, neuen und friedlichen Deutschland: »da staunt die Welt / ärgert sich / reibt sich die Augen / Kein Wilhelm kein Hindenburg nicht Hitler / ein friedliebendes Deutschland / Barmherzig gar / Heinrich Du Friedensbandit / laß Dich nicht abschrecken (*Wir kommen weit her*, 71).

---

36 *Kämpfen für die sanfte Republik. Ausblicke auf die achtziger Jahre* (1980) und *Zuviel Pazifismus?* (1981); beide Bände gab Böll wiederum zusammen mit Freimut Duve, inzwischen sozialdemokratischer Abgeordneter des Bundestags, und Klaus Staeck heraus.

Im Frühjahr 1985 eröffnete er noch das Europäische Übersetzer-Kolloquium (IX,238–241), wurde dann wegen starker Durchblutungsstörungen operiert und am 15. Juli aus einer Spezialklinik entlassen. Unerwartet verstarb Heinrich Böll am folgenden Tag, am 16. Juli 1985, in seinem Haus in Langenbroich in der Eifel. An der Beisetzung am 19. Juli nahmen zahlreiche Persönlichkeiten teil, so auch der damalige Bundespräsident Richard von Weizsäcker. Der Ministerpräsident von Nordrhein-Westfalen, Johannes Rau, ordnete für diesen Tag Landestrauer an.

Kurz nach Bölls Tod erschien postum sein letzter Roman *Frauen vor Flußlandschaft*, in dem er ein Sittengemälde der Bonner Szene zeichnet. Böll verwendet als Informanten Politiker, Diplomaten und Bankiers, aber auch acht Frauen. In zwölf Kapiteln setzt sich für den Leser mosaikartig ein Bild aus Monologen und Dialogen über die Machenschaften der Politik zusammen, ohne daß Böll eine in sich geschlossene Handlung anbietet. Die Männer intrigieren, lassen belastende Akten verschwinden und beteiligen sich an Geldgeschäften, wobei die katholische Kirche diese politischen Geschäfte absegnet: »Die Institution der Kirche hat sich als Dekor der Macht vollständig korrumpiert.«[37] Weil die schuldbeladene nationalsozialistische Vergangenheit einen Minister einholt, muß er sein Amt aufgeben, und ein anderer bringt seine sich störrisch zeigende Frau in einer Heilanstalt unter, um ihre Erinnerung korrigieren zu lassen. Diese Frau hängt sich aber an dem Tag, an dem ihr Mann das Ministeramt übernimmt, auf. Die Männer regieren nicht, sie beherrschen und vertuschen. Ergänzt wird das männliche Personal durch einen jungen Grafen, der Mercedessterne demontiert und in den Verdacht gerät, einen Flügel eines Bankiers nachts in seine Einzelteile zerlegt zu haben. Die acht Frauen bilden demgegenüber einen moralischen Gegenpol; sie rebellieren als Ehefrauen und Freundinnen ge-

---

37 Wolfram Schütte, »Treue und Liebe, nicht Glauben«, in: *Frankfurter Rundschau* vom 29. September 1985.

gen die Männer, verfügen aber nicht über genügend Kraft, diese Bonner Welt zu verbessern.

Bölls letzter Roman, der die Bonner Politik zum Thema erhebt, ist kein politischer Roman, er »klärt den Leser nicht auf über die Mechanismen der Politik; er analysiert mit keinem Wort die typischen Verlaufsformen der nachfaschistischen Politik in Deutschland«[38]. Die Kritiker sind sich weitgehend einig, wenn sie erhebliche Mängel sowohl an der äußeren Form als auch am Inhalt diagnostizieren. Ein Vorwurf lautet, die politischen Verhältnisse, die Böll aufzeigt, ähneln eher denen der fünfziger und sechziger als denen der beginnenden achtziger Jahre, in denen der Roman entstand. Und die literarische Form des Romans, dessen Untertitel »in Dialogen und Selbstgespräche« lautet, überzeuge wenig, da das szenisch angelegte Buch mit seinen an Regieanweisungen erinnernden Einführungen in die zwölf Kapitel, die Romanform sprenge und eher für die Bühne oder den Film bestimmt sei.

Dennoch ist Böll auch in seinem letzten Buch seinem hohen humanen Anspruch, in der Literatur Moral und Unmoral zum Gegenstand zu erheben, treu geblieben.

Insgesamt läßt sich das Gesamtwerk Heinrich Bölls mit den Worten *frei*, *geordnet* und *untröstlich* charakterisieren, die sein Freund Lew Kopelew für die lyrische Arbeit gewählt hat: »Bölls Werk ist *frei*. Nie unterwarf er sein Wort irgendwelchen Doktrinen, nie ließ er es von politischen oder geschäftlichen Rücksichten leiten. Sein Werk ist *geordnet*. Worte – Gedanken, Worte – Gestalten, Worte – Rufe und Bekenntnisse sind von einem wachen Gewissen, seinem Scharfblick und seinem musikalischen Gehör geordnet. Sein Werk ist *untröstlich*, denn in unserer Zeit kann ein Dichter mit verwundbarem Herzen nicht tröstlich sein.«[39]

---

38 Peter Glotz, »Bölls Bonn«, in: *Die neue Gesellschaft / Frankfurter Hefte*, 32. Jahrgang, September 1985, S. 778.
39 Lew Kopelew, »Bölls Gedichte: Frei, geordnet, untröstlich«, in: Heinrich Böll, *Wir kommen von weit her. Gedichte*, Göttingen 1986, S. 91.

III. Interpretationen

Der Zug war pünktlich. Heinrich Böll verfaßte diese umfangreiche Erzählung im Winter 1946/47, sie erschien dann als seine erste Buchpublikation 1949. Hauptperson der Handlung ist ein junger Soldat des Zweiten Weltkriegs namens Andreas, der nach einem Heimaturlaub im Fronturlauberzug zurück an die Ostfront fährt. Schon zu Beginn der Fahrt steigt in ihm eine Todesahnung auf, aus der sich allmählich eine präzise Vorstellung vom Ort und von der Zeit seines Todes bildet. Der pünktliche Zug bringt ihn diesem Tod, der zwischen Lemberg und Czernowitz eintreffen soll, entgegen. Während der Fahrt trifft Andreas mit zwei Soldaten zusammen, die ihm furchtbare Erlebnisse von der Front und vom Heimaturlaub erzählen, worauf er mit Beten antwortet. Andreas erinnert sich während der Zugfahrt aber auch ständig an ein Ereignis, das einige Zeit zurückliegt. Während des Frankreichfeldzuges wurde er verwundet, und als er aus einer Bewußtlosigkeit für kurze Zeit aufwachte, schaute er in die Augen eines Mädchens, das sich über ihn gebeugt hatte. Seitdem ist Andreas in diese Augen verliebt, traf aber das Mädchen nicht wieder.
In Lemberg angekommen, führt einer seiner Begleiter Andreas und den anderen Kameraden nach einem üppigen Mahl in ein Bordell, wo er mit der Musikstudentin und Prostituierten Olina zusammenkommt, die für den polnischen Widerstand arbeitet. Zwischen beiden entwickelt sich während dieser Nacht ein inniges Liebesverhältnis, ohne daß es zu einer körperlichen Intimität kommt. Andreas vertraut Olina seine Todesangst an, woraufhin diese, ihre Befehle mißachtend, ihn retten will. Auf der Flucht finden sie allerdings zusammen mit Andreas' Kameraden bei einem Partisanenüberfall in einem Karpatendorf den Tod, und zwar an dem Ort und zu der Zeit, die Andreas vorausgeahnt hatte.

Der Titel der Erzählung drückt ein zentrales Motiv, die Pünktlichkeit des Zuges, aus, was durch die sonore Stimme von Bahnhofslautsprechern schon gleich zu Beginn der Erzählung verdeutlicht wird. Im inneren Monolog spricht Andreas diesen sonoren Stimmen alles Unglück zu, da er meint, mit ihnen habe der Krieg begonnen und die sonoren Stimmen würden auch die Zeit und den Krieg regeln (W 1,72). In einer solchen Durchsage zeigt sich, wie die geplante Zeit die Menschen wie Tiere behandelt. »Radebeul«, sagt eine sächsisch sonore Stimme. Eine brave Stimme, eine gute Stimme, eine deutsche Stimme, die ebensogut sagen würde: Die nächsten zehntausend ins Schlachthaus bitte« (W 1,78). In den Erlebnissen der beiden Kameraden verdeutlicht sich aber auch, wie die Not der Kriegsereignisse die Menschen dazu bringen kann, sich so zu verhalten, daß keine personalen Bezüge mehr bestehen. Der eine Kamerad, ein noch jugendlicher Mann mit blonden Haaren, erzählt von einem Erlebnis an der Front, in dem sich Menschen wie Tiere verhielten: Er hatte unter homosexuellen Orgien zu leiden, was er nicht bewältigen kann. Im Fronteinsatz zeigte sich für den Blonden die Hölle, nicht wegen feindlicher Angriffe, sondern allein aufgrund des Verhaltens seines Vorgesetzten. Dieser, den er als Tier bezeichnet, hatte ihn verführt, weshalb er nun an allem die Freude verloren hat und seine Bedürfnisse rein mechanisch befriedigen kann. In seiner depressiven Haltung vermag er über dieses schreckliche Ereignis hinaus nichts mehr zu denken und zu fühlen. »Keine Freude hab ich mehr gehabt und keine kann ich mehr finden. Ich habe Angst, eine Frau anzusehen. Hingedämmert und geheult habe ich zu Hause die ganze Zeit wie ein schwachsinniges Kind«« (W 1,105).

Und der andere Kumpel, mit dem Andreas im Zug zusammen ist, vermag ein Erlebnis während des Heimaturlaubs nicht zu verarbeiten. Von der Front zu Hause angekommen, traf Willi seine Frau beim Ehebruch an, was ihn veranlaßte, sofort wieder nach Rußland zurückzukehren. Nun weiß er aber, daß seine Frau, die er immer noch liebt, nach der Entdeckung des Ehebruchs geläutert sein wird. »›Sie ist jetzt so unschuldig wie ein junges Mädchen [...]. Aber ich habe Angst vor dieser Unschuld ... und ich liebe sie sehr‹« (W 1,98 f.). Seine Rückkehr an die Front ist nichts weiter als eine Flucht, die mit dem Tod enden wird.

Aber auch die Polin Olina, mit der Andreas im Bordell zusammen ist, kann von schrecklichen Kriegserlebnissen erzählen, weshalb sie den Entschluß faßte, sich als Prostituierte vornehmlich deutschen Offizieren hinzugeben, um von ihnen Kriegsgeheimnisse zu erfahren, die dem Widerstand nützlich sein könnten. Sie selbst hat dabei ihre Persönlichkeit aufgegeben: »›Ich habe ja nichts‹, weint sie, ›meine Kleider gehören der Alten. Mein Leib auch, und meine Seele, meine Seele will sie nicht. Seelen will nur der Teufel, und die Menschen sind schlimmer als der Teufel‹« (W 1,157).

Diese drei Personen haben die Erfahrung gemacht, daß eine persönliche Beziehung, Liebe gar, im Krieg nicht bestehen kann.

Andreas trifft auf seiner Fahrt noch auf weitere Menschen, die ihr Menschsein aufgegeben haben, weil sie optimistisch und frohlockend in den Krieg ziehen und dabei Lieder singen, die sich tief in ihre Eingeweide eingegraben haben, um durch das Singen, ihre Gedanken und ihr Denken zu töten (W 1,113).

Aber auch die Hauptperson selbst hat eine menschliche Fähigkeit verloren, denn Andreas vermag nicht mehr zu weinen. Während sich Willi und der Blonde, später auch Olina von ihrem Unglücklichsein zumindest für kurze Zeit mit Tränen zu befreien suchen, vermag Andreas keine Träne zu vergießen. Andreas' bewußte Reaktion auf die Erlebnisse seiner Kameraden besteht darin, durch Beten eine Antwort zu geben. Gleichzeitig steigt in ihm während der Zugfahrt aber auch die Gewißheit von seinem baldigen Tod auf und nimmt immer konkretere Züge an, bis er sogar auf einer

Karte den Ort zeigen kann, ein kleines Karpatendorf namens Stryj, in dem er den Tod finden wird. Das Motiv der geplanten Zeit verliert während dieses Vorgangs seine Autonomie. Beides, Gebet und Todesahnung, befähigen Andreas dazu, sich über das, was die Kriegsmaschinerie ausmacht, zu erheben. Hierbei wird jedoch auch das Erlebnis in Frankreich für ihn wichtig, denn immer wieder muß er an die Augen des Mädchens denken. Diese Augen verdichten sich zu einem Bild einer menschlichen Seele, das ihn durch die Schrecken des Krieges begleitet. Das französische Mädchen hat für Andreas keinen Leib, sondern es existieren für ihn nur ihre Augen und ihre »unglückliche schöne Seele« (W 1,94). Nur einen Bruchteil einer Sekunde hat Andreas wirklich menschliche Liebe kennengelernt, aber es war eine Verliebtheit in eine »Seele ohne Leib« (W 1,153), und wie das Gebet bildet diese Liebe eine Gegenkraft zur Todesangst.

Andreas genügt es jedoch nicht, sich auf eine seelische Zuneigung zu beschränken, was er während des gemeinsamen Abends und der Nacht mit Olina deutlich spürt. Zu ihr gewinnt er Zutrauen, und es gelingt Olina mit ihrer Gegenwart und ihrem Klavierspiel, Andreas' seelische Spannung zu lösen, so daß er nach dreieinhalb Jahren zum ersten Mal wieder weinen kann. Nun liebt er zwar im Lemberger Bordell einen leiblich anwesenden Menschen, aber Andreas spürt dennoch kein körperliches Verlangen, mit der Prostituierten zu schlafen, seine Liebe ist eine bedingungslose Liebe, aber ohne körperliches Begehren. Diese Liebe zu einem Menschen nimmt für ihn nun reale Züge an, und zugleich tritt mit ihr ein Bereich hervor, der sich über die Schrecken des Krieges als etwas Überzeitliches erhebt. Dieses Motiv ist mit dem Erlebnis des Kameraden, der seine Frau beim Ehebruch ertappt hat, sich aber sicher ist, diese Frau immer noch zu lieben, lange vorbereitet. Zwischen Andreas und Olina entwickelt sich eine intensive Liebe, die beide dazu veranlaßt, den Bezügen der Wirklichkeit zu entrinnen, denn auch Olina hat sich gewandelt. Sie mißachtet mit ihrer Flucht ihre Aufgabe als Widerstandskämpferin: »›Von heute ab‹, sagt sie leise, ›von heute ab werde ich keinen Unschuldigen mehr den Henkersknechten ausliefern‹« (W 1,162). Auch Andreas begeht, indem er mit Olina Lemberg verläßt, Fahnenflucht und distanziert sich dabei ebenso wie sie von der bisher erfahrenen Wirklichkeit, um wahrhaftig leben zu können, auch in den Zeiten des Krieges. Die Schrecken des Krieges setzen sich jedoch durch, sie konnten weder durch Liebe noch durch Lächeln und Tränen, auch nicht durch die Musik überwunden werden: Ihr Fluchtauto wird von einer Bombe getroffen, wobei Andreas und Olina den Tod finden.

Eingebunden in die geplante Zeit während der Zugfahrt gelangte Andreas durch Überschreiten der Wirklichkeit im Gebet und schließlich durch seine Liebe zu Olina zu der Gewißheit, daß zeitliche Verhältnisse im Krieg nur einen vorläufigen Charakter haben dürfen. Er verhielt sich dabei ähnlich wie die Hauptgestalt in der Kurzgeschichte *Trunk in Petöcki*, die allerdings den Alkohol benötigte, um für eine Weile über den Bereich der Zeitlichkeit, repräsentiert durch den schrecklichen Krieg, hinauszugehen. Walter Falk vermutet, Böll wolle in dieser Schaffensperiode Ende der vierziger und Anfang der fünfziger Jahre in seinen Hauptfiguren spürbar werden lassen, »daß das für den Menschen Wesentliche eigentlich erst jenseits der Zeit beginnt«[1]. In einer anderen Erzählung, die den Titel *An der Brücke* trägt, läßt Böll die Hauptperson die Wirklichkeit dagegen einfach ertragen, wählt dabei aber den Bereich des Satirischen, womit er das Aushalten der Wirklichkeit wiederum in Frage stellt.

Zu einem anderen Interpretationsansatz kommt Arpád Bernáth, der Bölls zentrales Thema Liebe im Krieg betont: »Krieg ist gewaltsame Trennung der Menschen, die sich lie-

---

1 Walter Falk, *Epochale Hintergründe der antiautoritären Bewegung*, Frankfurt a. M. / Bern 1983, S. 127.

ben, und Liebe ist das einzige Medium der humanen Existenz.«² Dieser Konflikt von Liebe im Krieg werde in der Vorgeschichte mit dem französischen Mädchen vorbereitet und in der Nacht mit Olina aufgehoben. Olina verwandelt die »animalische Liebe zum französischen Mädchen« in Andreas' Vorstellung mit ihrem Klavierspiel »in die mystische Vereinigung mit Gott«, die schließlich »zum Opfertod befähigt«.³ Bernáth berücksichtigt dabei jedoch zu wenig den Umstand, daß für Olina und Andreas Liebe im Krieg nur im Tod einen Bestand haben kann.

Jochen Vogt macht auf eine Schwierigkeit Bölls aufmerksam, die sich in der Darstellung des »Unsagbaren«, dem realen Grauen »der unsagbar schrecklichen Kriegsnächte« und dem geträumten Glück, äußere. »Gewiß sind diese Schwierigkeiten nicht allein in mangelnder Gestaltungskraft des Autors, sondern auch im problematischen Gegenstand selber begründet.«⁴ In der Forschung wird aber auch die Gattungsfrage diskutiert, worauf Bernhard Sowinski hinweist. »Von einigen Autoren [...] wird der Text als kurzer Roman angesehen, von anderen [...] als Erzählung, von den meisten jedoch als Novelle.«⁵ J. H. Reid betont wegen der klaren handlungsorientierten Struktur die Verwandtschaft des Textes mit einem Drama, wobei er nicht nur die Schicksalstragödien der deutschen Klassik im Auge hat, sondern auch die Ödipus-Dramen des Sophokles: »Alle Versuche zu entkommen führen den Menschen unerbittlich seinem vorbestimmten Schicksal zu.«⁶

---

2 Arpád Bernáth, »Zur Stellung des Romans *Gruppenbild mit Dame* in Bölls Werk«, in: *Die subversive Madonna*, hrsg. von Renate Matthaei, Köln 1975, S. 35.
3 Bernáth (Anm. 2), S. 46.
4 Jochen Vogt, *Heinrich Böll*, München 1987, S. 39.
5 Bernhard Sowinski, *Heinrich Böll*, Stuttgart/Weimar 1993, S. 50.
6 J. H. Reid, *Heinrich Böll. Ein Zeuge seiner Zeit*, München 1991, S. 78.

Wanderer, kommst du nach Spa... Heinrich Böll wählte 1950 für seinen ersten Kurzgeschichten-Band den Titel der wohl bemerkenswertesten Erzählung *Wanderer, kommst du nach Spa...* Die Geschichte handelt von einem jungen Mann, der noch vor wenigen Wochen Schüler eines Gymnasiums war, dann zum Kriegsdienst eingezogen wurde und nun schwerverletzt und fiebernd in ein Lazarett eingeliefert wird. Während man den namenlosen Verletzten durch ein Gebäude trägt, stellt der Junge Ähnlichkeiten mit einer Schule fest: An den Türen befinden sich Emailleschilder mit Klassenbezeichnungen, »krumme, schwarze, altmodische Kleiderhaken waren in die Wände eingelassen« (W 1,194), und andauernd wird er Bilder oder Figuren mit klassischen heroischen und militaristischen Motiven oder Rassegesichtern gewahr, an denen man ihn vorbeiträgt. Diese Eindrücke veranlassen ihn ständig, nach der Identität des Gegenwärtigen zu fragen. Im Zeichensaal, abgeteilt durch eine Tafel und zu einem Operationssaal umfunktioniert, wird seine Bahre abgelegt. Langsam erkennt der Junge, daß das Gebäude Ähnlichkeiten mit seinem alten humanistischen Gymnasium hat. Ein Verletzter, der neben ihm liegt, nennt den Namen der Stadt, und der Junge erinnert sich daran, daß »das Bild des Alten Fritz besonders bunt, besonders schön, besonders groß im Treppenhaus« hing (W 1,198), daß er sich also in seiner Schule befindet, die den Namen »Friedrich der Große« trägt. Während des mühsamen Erinnerungsprozesses muß er auch an das Kriegerdenkmal mit dem goldenen Eisernen Kreuz und dem steinernen Lorbeerkranz denken, an dem er vorbeigetragen wurde. »[...] plötzlich wußte ich es: wenn ich wirklich in meiner alten Schule war, würde mein Name auch darauf stehen, eingehauen in Stein, und im Schulkalender würde hinter meinem Namen stehen – ›zog von der Schule ins Feld und fiel für...‹ Aber ich wußte noch nicht wofür« (W 1,199). Er nimmt nun auch das Kreuzzeichen an der

Wand des Zeichensaales wahr, das scheinbar unverwüstlich übrigblieb, als das Kreuz von den Nazis entfernt worden und das Übertünchen durch den »Anstreicher« (W 1,201) vergeblich gewesen war. Er erinnert sich nun auch an den Hausmeister Birgeler, in dessen »dämmerigem kleinen Stübchen« die Schüler damals Milch zu trinken bekamen, wo sie auch riskieren konnten, Zigaretten zu rauchen. Letzte Gewißheit, daß er sich in seinem Gymnasium befindet, liefert dem Verletzten der Tafelanschrieb, an dem er seine eigene Handschrift erblickt, womit sein ständiges Fragen nach der Identität des Gegenwärtigen seinen Höhepunkt erreicht. »Da stand er noch, der Spruch, den wir damals hatten schreiben müssen, in diesem verzweifelten Leben, das erst drei Monate zurücklag: Wanderer, kommst du nach Spa... Oh, ich weiß, die Tafel war zu kurz gewesen, und der Zeichenlehrer hatte geschimpft, daß ich nicht richtig eingeteilt hatte, die Schrift zu groß gewählt, und er selbst hatte es kopfschüttelnd darunter geschrieben: Wanderer, kommst du nach Spa... Siebenmal stand es da: in meiner Schrift, in Antiqua, Fraktur, Kursiv, Römisch, Italienne und Rundschrift; siebenmal deutlich und unerbittlich: Wanderer, kommst du nach Spa...« (W 1,202).

Nun erkennt er auch, daß der Junge, der er noch vor kurzem war, identisch ist mit dem Kriegsversehrten, der nun beide Arme und ein Bein verloren hat, was er schlagartig in seinem Spiegelbild oben im Glas einer Glühbirne wahrnimmt. Als seine Identität sichtbar wird, zeigt sich ihm, daß die Zukunft anders aussehen wird als sein bisheriges Leben. Wie diese Wandlung sich nun vollzieht, stellt Böll in der Erzählung nicht mehr dar, die Kurzgeschichte endet mit der Bewußtlosigkeit nach der Verabreichung einer Spritze durch einen Arzt. Bevor der Erzähler aber sein Bewußtsein verliert, erkennt er in dem Feuerwehrmann, der ihm Wasser zu trinken gegeben und eine Zigarette angesteckt hat, seinen Hausmeister Birgeler wieder. Der letzte Satz der Erzählung lautet: »›Milch‹, sagte ich leise ...« (W 1,202).

Böll wählte in dieser Kurzgeschichte einen Grundgegensatz: einerseits die schulische Realität verbunden mit der Kriegsrealität, wie sie dem Erzähler im Lazarett erscheint, und andererseits seine Fragen nach der Identität des Gegenwärtigen, die er nur mühsam beantworten kann. Am Ende der Geschichte identifiziert der Erzähler schließlich das Gegenwärtige mit dem Vergangenen. Böll gestaltet den Schluß offen, der Leser erfährt nicht, ob der junge Soldat die Operation überlebt.

Die Wirkung dieser Kurzgeschichte basiert auf der Konfrontation des verstümmelten Jungen mit dem Bildungsweg, den die Gegenstände der Schule repräsentieren, und dem dadurch ausgelösten Erkenntnisprozeß. Die schulische Vergangenheit und die Kriegsrealität tragen beide verwandte Züge. Der verletzte junge Soldat schreit mehrmals vor Schmerzen, Folge der Verwundung an der Front, die nur dreißig Kilometer von der brennenden Stadt verläuft. Dieser Bereich der Handlung wird ergänzt durch die schulische Biographie. Als Schüler hat der Verwundete den Unterricht, besonders den Zeichenunterricht, gehaßt. Nun durchläuft er noch einmal den Bildungsgang seines Gymnasiums: Das Bildungsgut, das ihm auf den Fluren begegnet, reicht vom »griechischen Hoplit, bunt und gefährlich« (W 1,194) über Repräsentanten des römischen Humanismus und Darstellungen der preußischen Tradition des Militarismus bis hin zu imperialistischem Ideengehalt des Kaiserreichs, den eine Bildszene aus Togo ausdrückt; das Bildungsgut endet schließlich mit der (Rassen-)Ideologie des »Dritten Reichs«. Die Gegenwart des Krieges und die Schmerzen bewirken das Leiden, und in dem Bereich Schule zeigt sich das Inhumane. Der humane Geist, den das humanistische Gymnasium repräsentieren sollte, ist vom Inhumanen verdrängt worden, worauf die Rassegesichter zeichenhaft verweisen, aber auch die Entfernung des Kreuzes durch den »Anstreicher«[7]. Das humanistische Gymnasium

[7] Mit Anstreicher wählte Böll ein auch bei Brecht übliches Pejorativ zur Bezeichnung von Adolf Hitler, der als Kunstmaler wenig Erfolg hatte.

hat den Wert, den das Attribut verdeutlichen sollte, eingebüßt: es ist inhuman, wo es »humanistisch« sein wollte. Der Titel der Kurzgeschichte, die heroischen Worte des griechischen Dichters Simonides als Zitat des Spartanerkönigs Leonidas, ist ein deutliches Zeichen hierfür: Leonidas hatte mit seinen Kriegern während der Perserkriege 480 v. Chr. den Thermopylenpaß bis zum letzten Mann verteidigt, während die Athener die Seeschlacht von Salamis vorbereiteten. Das Zitat »Wanderer, kommst du nach Sparta, erzähle dorten, du habest uns hier liegen gesehen, wie das Gesetz es befahl« wurde im Unterricht während des Krieges benutzt, um junge Menschen für den Kampf zu begeistern. Es paßt demnach zu den anderen Requisiten des Militarismus im Gymnasium. Sowinski weist auf die Verschiedenheit der historischen Situationen hin, in der das Simonides-Zitat und der Tafelanschrieb stehen: »Das Gesetz, das den Spartanern und Leonidas befahl, Heimat, Frauen und Kinder vor Sklaverei oder Untergang durch die ›Barbaren‹ zu schützen, entsprang dem demokratischen Volkswillen in einem Verteidigungskrieg; das Gesetz, das den Erzähler als Schüler zwang, sein Leben im Kampf vor der Heimatstadt zu opfern, entsprach dem Willen eines Diktators und seiner Clique, in einem sinnlosen Kampf den eigenen Machttraum zu verlängern.«[8] Durch den Mißbrauch humanistischer Werte und die Indoktrination der Schüler mit einem falschen Patriotismus werden die Erziehungsinhalte pervertiert, werden Jugendliche, fast noch Kinder, aus dem Schulleben herausgerissen und unter Verweis auf eine patriotische Pflicht in den Kampf geschickt und dort verstümmelt.

Diesem Bereich steht das Fragen nach der Identität gegenüber, ein Vorgang des Menschlichen. Böll betont dieses Menschliche, das sonst völlig zu fehlen scheint, auch in der Person des Hausmeisters Birgeler, der als Hilfssanitäter dem schwerverletzten Jungen gegenübertritt, ihn mit dem

---

[8] Bernhard Sowinski, *Heinrich Böll. Kurzgeschichten*, München 1988, S. 48.

Notwendigen, mit Zigaretten und Wasser, versorgt. Birgeler hat früher, als es noch erlaubt war, das christliche Kreuz geschmückt. Er war es ebenfalls, der den Schülern menschliche Wärme gewährte und sie mit Milch versorgte. Dieser Bereich des Menschlichen wird am Ende der Kurzgeschichte mit den letzten Worten des Erzählers gerettet: »›Milch‹, sagte ich leise ...« (W 1,202).

Da Heinrich Böll die Geschichte aus der Ich-Perspektive des fiebernden Verletzten erzählt, ergibt sich keine zusammenhängende Schilderung der Situation; scheinbar unwichtige Details reihen sich als Sinneswahrnehmungen und Überlegungen aneinander. Die Darstellung wird unterbrochen von dem Versuch des Erzählers, sie in seiner Reflexion einzuordnen, bis er schlagartig die Situation, in der er sich befindet, erkennt: Hierbei spielt das fragmentarische Zitat des patriotischen Spartanerkönigs aus dem Thermopylenkampf eine wichtige Rolle.

Böll zeigt am Erzähler einen körperlich und seelisch vollständig erledigten Menschen, dem es nicht gelingen kann, einen Sinn in diesem Geschehen zu sehen. Wie auch in anderen Erzählungen stellt Böll hier den Krieg aus der Lage des Opfers dar, ohne selbst aber das Kriegsgeschehen zu beschreiben. Die extreme Situation, in der sich der namenlose, passive Held der Geschichte befindet, wird von Reich-Ranicki als exemplarisch für die Epik des jungen Böll angesehen. »Seine zentralen Gestalten sind beklagenswerte Opfer der historischen Verhältnisse, hilflose Durchschnittsmenschen, [...] die nicht einmal die Möglichkeit erwägen, für etwas oder gegen etwas zu kämpfen. Sie versuchen auch nicht, sich zu wehren. Sie ertragen ihr Schicksal.«[9]

---

9 Marcel Reich-Ranicki, *Mehr als ein Dichter. Über Heinrich Böll*, Köln 1986, S. 24.

Die Waage der Baleks. Diese Kurzgeschichte, zunächst 1952 im Süddeutschen Rundfunk gesendet, ist dann seit 1954 in zahlreichen Textsammlungen und Schulbüchern veröffentlicht worden. Sie gehört zu der Gruppe der moralischen Geschichten, die neben denen mit Kriegs- und Nachkriegsproblematik einen verhältnismäßig kleinen Raum im frühen Werk Bölls einnehmen.
Böll verlegt die Handlung in die Zeit der Jahrhundertwende. Das Erzähler-Ich ist das Enkelkind des Jungen, der die Geschichte als Zwölfjähriger zur Jahreswende 1899/ 1900 in einem böhmischen Dorf erlebt hat. Als Erzähler verwendet er eine einfache, aber anschauliche Sprache und sieht von wörtlicher und indirekter Rede weitgehend ab. Im vorwiegend additiv strukturierten Satzbau überwiegen Reihungen, ergänzt durch erläuternde Relativsätze.[10] Die in der Tradition des 19. Jahrhunderts erzählte Geschichte spielt in einem böhmischen Ort, dessen gesellschaftliches Leben durch die feudale Abhängigkeit von der Gutsbesitzerfamilie Balek geprägt ist. Die Menschen finden in der Fabrik mit ihren überalterten Flachsbrechmaschinen Arbeit und sind dabei der Hitze und dem Staub schutzlos preisgegeben. Obwohl sich die Einwohner »langsam dahinmorden« lassen, werden sie als geduldige und fröhliche, sogar als glückliche Leute bezeichnet. Auch schon die Kinder stehen in einem Abhängigkeitsverhältnis zu den Baleks, denn sie haben die nach getaner häuslicher Arbeit in den Wäldern des Gutsherrn gesammelten Kräuter und Pilze abzuliefern und bekommen ein geringes Entgelt, während die Ware in der Stadt zu einem vielfachen Preis verkauft werden kann.
Die Abhängigkeit der Bevölkerung verdeutlichte sich an einem Symbol, einer verschnörkelten, mit Goldbronze bemalten altertümlichen Waage, auf der die gesammelten Früchte der Wälder gewogen wurden. Diese Waage symbolisierte die Gerechtigkeit, die die Baleks garantierten. Äuße-

---

10 Hierzu Sowinski (Anm. 8), S. 99 f.

Heinrich Böll in seiner Bibliothek 1952

res Anzeichen dafür war ein dünner Eichstrich, der jedes Jahr neu gezogen werden mußte. Niemand in den umliegenden Flecken durfte seit alters her eine Waage besitzen, allein die Gutsherren verfügten über dieses Monopol. Es kam aber bislang niemand auf die Idee, dieses ungeschriebene Gesetz in Frage zu stellen; die Lebensweise der Menschen stand vielmehr in Einklang mit dem, was die Baleks erwarteten. Seit Generationen fügten sich die Menschen geduldig, hinterfragten weder die feudalen Lebensbedingungen, noch rebellierten sie gegen die kapitalistische Ausbeutung; eine Veränderung strebten sie nicht an. Aber auch die Familie der Baleks, die nicht nur feudale, sondern auch kapitalistische Interessen verfolgte, war offensichtlich an keiner Neuerung interessiert, obwohl im industriellen Bereich eine Revolution stattgefunden hatte.

Gleich zu Beginn der Geschichte wird auf die Gleichförmigkeit im sozialen und produktiven Bereich hingewiesen. Solange die Bevölkerung die von den Baleks vertretene Gerechtigkeit akzeptierte, solange mußte das gleichförmige Leben unverändert seinen Lauf nehmen. Erst nach fünf Generationen, in der die Ordnung Bestand hatte, trat ein Ereignis ein, das die Gerechtigkeit in Frage stellte.

Im Mittelpunkt dieser Veränderung steht ein zwölfjähriger Junge, den der Erzähler nicht so unpersönlich beschreibt wie die übrigen Menschen, wie die Baleks oder die Dorfbewohner. Von diesem Jungen heißt es, er zeige mehr Wagemut und dringe tiefer in die Wälder ein als die anderen, ohne sich vor dem Riesen Bilgan zu fürchten. Dementsprechend höher ist auch seine Ausbeute, die er auf die Waage legen kann. Im Gegensatz zu den anderen Kindern notiert er sich die Beträge, die ihm ausbezahlt werden. Am Silvesternachmittag des Jahres 1899 tritt nun das Ereignis ein, das die Gleichförmigkeit des dörflichen Lebens grundlegend verändert. Anlaß dazu ist die Erhebung der Familie Balek in den Adelsstand durch den Kaiser in Wien. Als Dank dafür schenken die Baleks von Bilgan, wie sie nunmehr heißen, jeder Familie ein Viertelpfund Kaffee, das der Junge auch für drei Nachbarn in Empfang nehmen soll. Während die Magd für kurze Zeit die kleine Stube verläßt, um eine Süßigkeit als weitere Anerkennung für den Knaben zu holen, legt dieser die vier Kaffeepakete »auf die leere Waagschale, und sein Herz klopfte heftig, als er sah, wie der schwarze Zeiger der Gerechtigkeit links neben dem Strich hängenblieb, die Schale mit dem Halbkilostein unten blieb und das halbe Kilo Kaffee ziemlich hoch in der Luft schwebte; sein Herz klopfte heftiger, als wenn er im Walde hinter einem Strauch gelegen, auf Bilgan, den Riesen, gewartet hätte« (W 2,48). Diese wendepunktartige Begebenheit ruft nun einen Konflikt hervor; die Bewohner werden mit einer neuartigen Sichtweise konfrontiert, die das gewohnte Leben als ungerecht einstuft. Der Knabe, durch seine Feststellung erschüttert, wiegt nun sogleich mit fünf Kieselsteinen, die er in der Tasche trägt, die Differenz aus, die »an der Gerechtigkeit fehlte«. Im Wald hatte er sich nicht vor dem sagenhaften Riesen Bilgan gefürchtet, nun zeigt er auch keine Furcht vor der wirklich existierenden Familie Balek von Bilgan.

Der Erzähler teilt dem Leser nicht den tatsächlichen Grund mit, der den Jungen veranlaßte, die Überprüfung der Gerechtigkeit vorzunehmen. Ihm wird aber das Bedürfnis deutlich, über die scheinbare Ausgeglichenheit des alltäglichen Lebens hinauszudrängen in einen Bereich, der es erlaubt, einer prinzipiellen ethischen Fragestellung nachzugehen: Was hat es mit der Gerechtigkeit eigentlich auf sich? Trotz Kälte und Schnee scheut der Zwölfjährige nicht den zweistündigen Weg in die nächstgelegene Stadt, um sich vom Apotheker das wahre Gewicht der fünf Kieselsteine abmessen zu lassen, um zu erfahren, was genau an der Gerechtigkeit der Baleks fehlt. In der Silvesternacht rechnet er dann nach, daß ihm die Baleks achtzehn Mark und zweiunddreißig Pfennig schulden, eine Erkenntnis, die sich unverzüglich im Dorf verbreitet. Am folgenden Neujahrsmorgen stellen die Baleks auf ihrem Weg zum Gottesdienst die Veränderung am Verhalten der Menschen fest. Anstatt zufriedene, fröhliche Leute mit Hoch- und Heilrufen anzutreffen, blicken sie in stumme und feindliche Gesichter voller Kälte. Auch die Baleks sind plötzlich und unerwartet mit einer neuartigen Situation konfrontiert. Der einzige Kriminelle des Ortes, ein Wilderer, hat inzwischen die Waage und das dazugehörige Buch, in dem die ausgezahlten Beträge notiert waren, entwendet, so daß in der Stube der Eltern des Jungen der Umfang der Ungerechtigkeit nachgerechnet werden kann. Eine genaue Berechnung läßt sich allerdings nicht vornehmen, denn bald dringen Gendarme mit Gewalt ein und holen Buch und Waage heraus. Die alte Ordnung soll wiederhergestellt werden, aber es bleiben zwei Tote als Opfer zurück, die kleine Schwester des Jungen sowie ein erstochener Gendarm. Nun hat der Riese Bilgan, personifiziert in der Familie Balek, doch eine furchtbare Tat vollbracht. Nach einem fast einwöchigen Streik gehen die Leute jedoch ihrer gewohnten Arbeit wieder nach. Obwohl in der Erzählung keine psychologische Vertiefung erkennbar wird, haben die Menschen sich verändert, denn am Sonntag stimmen sie in der Kirche, als die Baleks erscheinen, das Lied »Gerechtigkeit der Erden, o Herr, hat dich getötet« an, bis auch dieses wiederhergestellt wird.

Der Wendepunkt, der im Sinne Goethes als eine »sich ereignete unerhörte Begebenheit«[11] anzusehen ist, gibt der streng aufgebauten Geschichte mit ihrer einlinigen Handlungsführung den Charakter einer Novelle. Der Konflikt, ausgelöst durch das Nachwiegen am Silvesternachmittag, führt zur Konfrontation mit der gewohnten und althergebrachten Lebenseinstellung. Die Haltung im Dorf ist daraufhin geprägt von Resignation, in der Familie des Jungen tritt jedoch nicht nur durch den Tod der Tochter eine Veränderung ein, sondern auch dadurch, daß sie die angestammte Heimat

---

11 Goethe im Gespräch mit Eckermann am 29. Januar 1827.

mit dem frischen Grab verlassen muß. Die Eltern wählen die Lebensweise der Nichtseßhaften, weil sie die Entdeckung gemacht haben, daß »in allen Orten das Pendel der Gerechtigkeit falsch ausschlug« (W 2,52). Sie brechen aus dem Kreislauf des dörflichen Lebens als nunmehr Heimatlose aus. In ihrem Wagen, berichtet der Erzähler, singen sie aber weiterhin das Lied »Gerechtigkeit der Erden, o Herr, hat dich getötet«, ohne daß es von vielen Menschen wahrgenommen wird. Diese Liedzeile, die Böll vermutlich selbst verfaßte, verdeutlicht, daß die irdische Gerechtigkeit auch Jesus Christus dem Kreuz ausgeliefert hat, und setzt die heimatlose Familie in Beziehung zum Gekreuzigten. Eine wahre Gerechtigkeit ist demzufolge im Diesseits nicht zu erreichen. Der Zwölfjährige hatte die Ungerechtigkeit als etwas Orts- und Zeitunabhängiges entlarvt, das jenseits der dinghaften weltlichen Verhältnisse auf einen metaphysischen Raum verweist. Deutlich wird dabei auch, daß an einer Veränderung im Diesseits fast niemand Interesse zeigt.

Es ist sicher nicht verwunderlich, daß Böll die Handlung in die Zeit um 1900 verlegt – *Die Waage der Baleks* ist seine einzige Geschichte, die in einer ein halbes Jahrhundert zurückliegenden Welt spielt und keinen direkten Gegenwartsbezug aufweist. Eine Verlegung der in der Geschichte dargestellten Problematik in die Gegenwart hätte vom Autor auch eine konkrete Antwort im Hinblick auf die irdische Gerechtigkeit gefordert. Der Verweis auf einen ort- und zeitlosen Raum des Religiösen wäre von den Zeitgenossen nicht akzeptiert worden, wenn weiterhin in den konkreten gesellschaftlichen Verhältnissen Ungerechtigkeit vorherrschte, die von den Menschen resignativ akzeptiert würde. Lediglich eine gewaltsame Veränderung der feudalkapitalistischen Verhältnisse im Dorf der Baleks aber hätte die Möglichkeit ergeben, im Diesseits Gerechtigkeit herzustellen.

Die Waage der Baleks ist in zahlreichen Lesebüchern abgedruckt, weshalb sie sicherlich zu den weitestverbreiteten und meistgelesenen Geschichten des Deutschunterrichts gehört, zumal Böll das klassische Unterrichtsthema Gerechtigkeit gewählt hat. Es ist deshalb auch nicht verwunderlich, daß sich zahlreiche Didaktiker und Literaturwissenschaftler gerade dieser Geschichte annahmen, um von unterschiedlichen Positionen aus eine Interpretation zu erarbeiten. Jörn Stückrath hat einige der Deutungen untersucht und stellt fest, daß die Erzählung für »gesellschaftspolitische und weltanschauliche Positionen« instrumentalisiert wurde, da die Interpreten ihre eigenen weltanschaulichen Ansichten in der Erzählung wiederfanden.[12] Stückrath geht dabei auf einzelne Deutungsansätze genauer ein und zeigt deren widersprüchliche Positionen auf. Um dem Absolutheitsanspruch der Interpreten zu entgehen, empfiehlt Stückrath, die Schülerinnen und Schüler zu einer Auseinandersetzung mit der ästhetischen Struktur der Geschichte anzuleiten, damit sie die Grenzen für die Beweisbarkeit einzelner Deutungen erkennen.

Nicht nur zur Weihnachtszeit. Diese zuerst 1952 und später in zahlreichen Anthologien erschienene Erzählung wurde im Radio bereits Weihnachten 1951 und dann wiederholt gesendet, so am 30. Dezember 1952 unter Leitung von Alfred Andersch mit Heinz Rühmann als Sprecher im NWDR; achtzehn Jahre später strahlte das ZDF die Erzählung als Fernsehfilm aus.[13] Böll wählte für diese Geschichte, in der er die Nachkriegsentwicklung der westdeutschen Gesellschaft kritisch behandelt, die literarische Form der Satire. Der Ich-Erzähler zeigt mit ironisch übertreibender Erzähl-

---

12 Jörn Stückrath, »Heinrich Böll: Die Waage der Baleks«, in: Jakob Lehmann (Hrsg.), *Deutsche Novellen von Goethe bis Walser*, Bd.2, Königstein 1980, S. 244 f.
13 Bernhard Sowinski, *Heinrich Böll. Satirische Erzählungen*, München 1988, S. 15.

weise den Verfall einer Familie und entlarvt dabei das bürgerliche Leben in der restaurativen Nachkriegszeit. Hierfür wählte Böll einen Erzähler, der durch sein verwandtschaftliches Verhältnis zu den Hauptpersonen der Handlung eine unmittelbare Nähe zum Erzählgegenstand einnimmt und dabei durch seine pathetische und ironische Darstellungsweise bewußt auf Objektivität verzichtet. Im Mittelpunkt des Geschehens steht die Veränderung eines Familienverbandes durch ein sich immer wiederholendes Ereignis: Das bedeutende Fest der Geburt Christi verkommt zu einem banalen und alltäglichen Zeremoniell. Dabei geht der Erzähler auf die gegenwärtige Entwicklung innerhalb der Familie ein, greift aber auch auf ein Ereignis vom Februar 1947 zurück, dessen Vorgeschichte bis in die Jahre des Zweiten Weltkriegs zurückreicht.
Das Hauptmotiv der Satire ist das zu allen Jahreszeiten gefeierte Weihnachtsfest, an dem die Hauptperson, Tante Milla, krankhaft festhält, da sie ohne ihren Weihnachtsbaum, geschmückt mit mechanischen Zwergen und einem »Frieden« flüsternden Engel nicht leben kann. Dieser Weihnachtsbaumschmuck wurde schon im Krieg durch Bombenangriffe Opfer »der modernen Kriegsführung« (W 2,14), und für ihn konnte erst zum Fest 1946 Ersatz besorgt werden. Als der geschmückte Baum, der mittlerweile seine Nadeln verloren hatte, 1947, wie gewohnt im Februar, entfernt werden sollte, fing Tante Milla fürchterlich an zu schreien, bis der als herzensgut geschilderte Onkel Franz auf die Idee kam, einen frischen Baum aufzustellen, ihn zu schmücken und die gesamte Familie erneut zum Feiern der Weihnacht zu versammeln. Der Erzähler erfuhr, daß der Gesichtsausdruck seiner Tante sich nun augenblicklich schon im Schein der Kerzen milderte und »als schließlich auch der Engel ›Frieden‹ flüsterte, ›Frieden‹, ging ein wunderschönes Lächeln über ihr Gesicht« (W 2,19). Der Onkel hatte, nachdem die Einbeziehung von Medizinern sowie die Verabreichung von Beruhigungsmitteln ohne Wirkung geblieben

waren, die richtige Heilmethode gefunden, die als »Tannenbaumtherapie« in die Familiengeschichte einging. Von nun an aß und trank die Tante wieder und zeigte sich gegenüber ihrer Familie in liebenswürdig milder Art und Weise, was solange anhielt, wie der Baum geschmückt im Zimmer stand. Versuche, im Verlauf des Jahres die Feiern auszusetzen, bewirkten erneute Schreikrämpfe, weshalb von nun an über Jahre hinweg jederzeit Weihnachten zelebriert werden mußte. Tante Milla bestand ebenfalls darauf, daß alle ihr nahestehenden Personen, neben den Familienmitgliedern auch der Pfarrer, anwesend sein mußten, was nicht ohne Komplikationen zu bewirken war. Sie ließ kein abweichendes Verhalten zu, sperrte sich hysterisch gegen jegliches Ausbrechen aus der Tradition des Festes. Das sich nun permanent wiederholende Ereignis der Weihnachtsfeier wurde zu einer festverankerten Therapiemaßnahme, die allerdings für die übrigen Familienmitglieder zu einer Zwangsveranstaltung ausartete, weshalb Veränderungen innerhalb des Familienverbandes nicht ausbleiben konnten. Während der Pfarrer bewußt gegen die Inanspruchnahme seiner Person einen Riegel vorschob und als Vertreter zunächst einen Kaplan zu Tante Milla schickte, der wegen des Theaters einen Lachkrampf bekam, und sich schließlich von einem schon senilen Prälaten vertreten ließ, reagierten Familienangehörige auf eine andere Weise, die zugleich für sie eine neue Lebensmöglichkeit eröffnete. Damit aber für Tante Milla der Schein gewahrt blieb, arrangierte Onkel Franz arbeitslose Schauspieler, die die Rolle der Verwandten zu spielen hatten, was die Feiern zur reinen Routine werden ließ. Die Kinder wurden durch Wachspuppen ersetzt, aus Angst davor, der tägliche Konsum von Marzipan und das Singen der Lieder könnte ihnen psychisch schaden.

Insgesamt ist die häusliche Zeremonie nichts als ein Festhalten an überlieferten christlichen Gebräuchen, die nicht mehr darstellen als leere Hülsen. Diese Tortur der Feierlichkeiten hatte aber auch Folgen für die Familie. So brach die Kusine des Erzählers, Lucie, beim Anblick von ausrangierten Tannenbäumen in den Straßen in ein »hysterisches Geschluchze« aus. »Dann hatte sie einen regelrechten Anfall von Wahnsinn, den man als Nervenzusammenbruch zu kaschieren versuchte« (W 2,26). Indem sie den abendlichen Feiern fernblieb, konnte sie sich schon nach kurzer Zeit erholen, jedoch erwies sich ihr »Spekulatiustrauma«, wie es der Erzähler nennt, letztlich als unheilbar. Die Kusine Lucie zog es deshalb vor, Nachtlokale zu besuchen, und fühlte sich von einer durch den Existenzialismus geprägten Lebensweise angezogen, was der Erzähler als »verhängnisvolle Entwicklung« tadelt, denn sie habe auch ihr Äußeres verändert: »Sie trägt Kordhosen, bunte Pullover, läuft in Sandalen herum und hat ihr prachtvolles Haar abgeschnitten, um eine schmucklose Fransenfrisur zu tragen« (W 2,30). Während Lucie gewissermaßen in eine innere Emigration ging, plante ihr Mann Karl die Auswanderung in ein Land, in dem keine Tannen gedeihen und das Backen von Spekulatius sowie das Singen von Weihnachtsliedern gesetzlich verboten sei. In den Augen des Erzählers schlug jedoch ein anderes Familienmitglied, Johannes, die extremste Entwicklung ein, weil er sich zum Kommunismus bekannte und sich somit von den bürgerlichen Normen der Familie weit entfernte. Aber auch Tante Millas Ehemann, Onkel Franz, der mit »eiserner Strenge« (W 2,27) für die Festigung des Familienverbandes gesorgt und alle Familienmitglieder gezwungen hatte, an den sich ständig wiederholenden Weihnachtsfeierlichkeiten teilzunehmen, nahm sich trotz seines schon hohen Alters eine Geliebte und brach infolgedessen die Ehe.

Die Antworten, die die Familienmitglieder auf die Tannenbaumtherapie und die Pervertierung des Festes als rein äußerliche Zeremonie gaben, zeigten einen dynamisierenden Effekt und eröffneten für jeden eine neue Lebensmöglichkeit. Die Überwindung des Zwanges, an Tante Millas Leben teilzuhaben, wurde erreicht durch das Ausbrechen aus der bisher hochgehaltenen Bürgerlichkeit und das Eintreten in eine neuartige Lebensform jenseits dieser Angepaßtheit. Hierbei spielte die Person des Onkels, »dieses herzensguten Menschen«, eine fundamentale Rolle. Er war es, der nach dem Krieg dafür sorgte, daß seine Frau Milla nicht auf ihren gewohnten Baumschmuck verzichten mußte. Damit griff er auf eine Tradition aus der Vorkriegszeit zurück. Außerdem besorgte er in der Zeit des allgemeinen Mangels Marzipanfiguren, Schokoladenriegel und Kerzen, um das Fest auch im Verlauf des Jahres gebührend feiern zu können. Schließlich sorgte er dafür, daß Tante Milla nicht in ein Sanatorium eingeliefert wurde, sondern in der gewohnten Umgebung zu Hause bleiben konnte, was einherging mit dem Zwang auf die Familienmitglieder, an der Weihnachtsbaumtherapie festzuhalten. Onkel Franz' Maßnahmen geschahen aus einem restaurativen Interesse und einer Angst vor radikalen Maßnahmen, weshalb er »schließlich jene destruktiven Kräfte« gefördert hat, »die die Familie zerstörten«.[14]

Auch der Erzähler nimmt durch seine Wertungen eine konservative Haltung ein. Wenn er Johannes' Sympathie für den Kommunismus als extreme Erscheinung bezeichnet, verfällt er in den Antikommunismus der fünfziger Jahre. Besonders bourgeois ist seine Kritik an der Kleidung Lucies. Die Bevorzugung von »milden Frauen«, »die sich sittsam im Takte des Walzers bewegen« und außerdem »angenehme Verse zitieren« (W 2,31), untermauert seine konservative Haltung. In diesem Zusammenhang steht auch seine, gleich im ersten Satz formulierte Mutmaßung, in der Verwandtschaft machten sich »Verfallserscheinungen bemerkbar«, die mit der übertriebenen, ins Pathetisch reichende Metapher »Schimmelpilze der Zersetzung« hätten sich unter der »ebenso dicken wie harten Kruste der Anständigkeit eingenistet« (W 2,11), beschrieben wird.

Eine Person weicht von dem aufgezeigten familiären Verhalten ab, und auf sie bezieht sich der Erzähler öfter. Sein

---

14 Sowinski (Anm. 13), S. 26.

Vetter Franz wird gleich zu Beginn der Erzählung als ein Nonkonformist charakterisiert, denn er hat schon früh vor einer unheilvollen Entwicklung gewarnt und einen Beruf eingeschlagen, der nicht in die Vorstellung der gutbürgerlichen Familie paßte, er wurde Boxer. Schon als Kind fiel dieser Vetter dadurch auf, daß er sich öfter der Schulpflicht entzog und dabei das »humanistische Erbe« vernachlässigte, um mit »fragwürdigen Kumpanen« die »harten Regeln des Faustkampfes« zu üben (W 2,12). Jedoch erwies sich schließlich dieser Franz als jemand, der Menschlichkeit zeigte, weil er während des Krieges Russen und Polen, der nationalsozialistischen Ideologie zufolge »Untermenschen«, wie Menschen behandelte. Am Ende der Erzählung ist es Franz, der das Ergebnis der verhängnisvollen familiären Entwicklung präzise bezeichnet: »Wir sind mit dem Leben bestraft.« (W 2,34).

Bestraftsein mit dem Leben bedeutet für ihn das Erdulden des unerträglichen Zustands, sinnentleerte Weihnachten zu feiern. Auch er bricht aus dem Zwang aus und entschließt sich zu einer neuen Lebensform, indem er als Laie in ein Kloster eintritt und sich so den gesellschaftlichen Zwängen verweigert.

Dem Leser fällt es leicht, Partei zu ergreifen. Die Situation, die Tante Millas Verhalten heraufbeschwört, ist so grotesk und überspannt, daß sie unwirklich erscheinen muß, wenn sie nicht als Ausdruck von Pathologischem angesehen werden soll. Bölls Anliegen ist es nicht, eine realistische Situation darzustellen, weshalb er die literarische Form der Satire wählt. »In *Nicht nur zur Weihnachtszeit* (1951) ist Böll das erste Mal Satiriker ohne Vorbehalt. Leiden, Leidensbereitschaft sind eindeutig Spottartikel.«[15] Die sprachlichen Mittel satirischer Darstellung hat Bernhard Sowinski sehr detailliert untersucht. Die Wirkung von Bölls »Weihnachtssatire

---

15 Erhard Friedrichsmeyer, »Das weiche und das feste Herz. Sentimentalität und Satire bei Böll«, in: Bernd Balzer (Hrsg.), *Heinrich Böll 1917–1985*, Bern [u. a.] 1992, S. 188.

beruht zu einem großen Teil auf dem paradox-grotesken Einfall, eine sinnentleerte jährlich wiederkehrende Festfeier dadurch zu demaskieren, daß man sie zum alltäglichen Ritual werden läßt, um dann ihre Folgen satirisch aufzuzeigen«[16]. Als groteske Elemente können auch der Kontrast zwischen der Friedensbotschaft des Engels und dem Psychoterror, den Tante Milla auf die Familie ausübt, angeführt werden. Das Singen von Weihnachtsliedern im Sommer wirkt auf den Leser ebenso grotesk wie die weihnachtliche Feier während des Karnevallärms. Als stilistisches Mittel setzt Böll auch die pathetische Übertreibung ein und die Umschreibung von Sachverhalten, die trefflicher mit Worten der Alltagssprache hätten beschrieben werden können.

Mit seiner Satire *Nicht nur zur Weihnachtszeit* verzeichnete Böll Ende 1952 einerseits einen großen Erfolg; diese Radiosendung brachte ihm aber auch Ablehnung ein. Der Leiter des Evangelischen Kirchenamtes für Rundfunkangelegenheiten, Pfarrer Hans-Werner von Meyenn, warf ihm Verunglimpfung des deutschen Gemüts vor. Seiner Auffassung nach habe der NWDR seine Aufgabe vergessen, den Hörern zu dienen, der Sender habe vielmehr beim Hörer ein »Vakuum der Hilflosigkeit« hinterlassen, sei es doch die Aufgabe des Rundfunks, Hilfe anzubieten und Verantwortung zu übernehmen.[17] Böll reagierte auf diese Kritik von Meyenns mit einem offenen Brief (I,72–74) und wies auf sein Recht als Schriftsteller hin, ebenso wie andere Künstler Dinge abstrakt sagen und darstellen zu dürfen. Sein Anliegen faßte er mit den Worten zusammen: »Es ging mir um den unerträglichen äußeren Betrieb, der darum gemacht wird, der jedem menschlichen Gefühl widerspricht und der um des Geschäftes willen gemacht wird. Mit dem deutschen Gemüt läßt sich ein großartiges Geschäft machen, und wer so in der Adventszeit durch die Straßen einer Großstadt

16 Sowinski (Anm. 13), S. 28.
17 *Kirche und Rundfunk*, 12. Januar 1953, wieder abgedruckt in I,320–324.

Heinrich Böll 1953

schlendert, dem kann wirklich bange werden« (I,72 f.). Die Aktualität von *Nicht nur zur Weihnachtszeit* wird dem deutlich, der das Kaufverhalten, aber auch die Angebote und Werbemaßnahmen in unserer Zeit beobachtet und mit der heutigen Wertordnung in Beziehung setzt. Es ist die Absicht des Autors gewesen, Moral und Humanität zu fördern, weshalb der Außenseiter Vetter Franz der Intention des Autors sehr nahe kommt, denn dieser Franz war es, der schon sehr früh warnte, »der sich von der Teilnahme an gewissen Feiern ausschloß, das Ganze als Getue und Unfug bezeichnete« (W 2,12), der aber während des Krieges als humaner Mensch auftrat, obwohl ihn sein Beruf als Boxer wegen der mit seiner Tätigkeit verbundenen Gewalt scheinbar diskreditierte.

Daniel, der Gerechte. Böll erzählt in seiner 1954 erschienenen Geschichte ein Schlüsselerlebnis des Gymnasialleiters Daniel aus dessen Perspektive. Daniel hat sein Leben lang versucht, gerecht zu sein. Hiermit steht wieder einmal die Gerechtigkeit als Motiv im Mittelpunkt der Handlung. Das Gegenwartsgeschehen, das frühmorgens einsetzt und etwa drei Stunden später mit dem entscheidenden Ereignis endet, wird häufig unterbrochen durch Erinnerungen des Protagonisten Daniel an ein dreißig Jahre zurückliegendes Ereignis aus seiner Kindheit. Die Hauptfigur kehrt dabei immer wieder aus ihren Überlegungen in die Gegenwartshandlung zurück.

Morgens fordert Daniels Frau ihn im Bett dazu auf, seinem Neffen bei der bevorstehenden Aufnahmeprüfung zu helfen: Er möge von seiner bisher eingenommenen Haltung, die geprägt ist von einem strengen Gerechtigkeitsdenken, abweichen, um dem Kind den Weg auf das Gymnasium zu ebnen. Daniel entschließt sich jedoch, als er das Schlafzimmer verläßt, sein »aufgesetztes Gesicht« zu zeigen, um seiner bisher gespielten Rolle auch an diesem Tag gerecht zu werden, obwohl er in dem Aufsetzen seines Gesichts die schwerste seiner Pflichten sieht.

Hier beginnt mit den Erinnerungen an seine eigene Aufnahmeprüfung die dreißig Jahre zurückreichende Vorgeschichte. Um die Prüfung am Gymnasium absolvieren zu können, mußte das Bauernkind einst bei einem Onkel in der Stadt übernachten. Dieser Onkel war ein einfacher Arbeiter, der sich Daniel gegenüber zärtlich verhielt, seine Liebe jedoch in seiner sprachscheuen und schüchternen Art nur zaghaft auszudrücken wußte. Daniel verbrachte den Abend, zuversichtlich, die Prüfung zu bestehen, auf der Küchenbank der Verwandten. Im Traum verfolgte ihn ein im Wohnzimmer der Verwandten hängendes Bild, das eine Streiksituation vor einem Fabriktor zeigte. Diese Streikszene verweist erzähltechnisch auf eine andere Situation, die mit dem Prüfungsthema eng zusammenhängt: Ein anderer Onkel, namens Thomas, flüchtete aus der für ihn unerträglich gewordenen Wirklichkeit in eine Form des Irreseins, was den Charakter eines Streiks annahm. Daniel besuchte Onkel Thomas des öfteren in einer Pflegeanstalt und wurde gewahr, daß er ständig litaneiartig den einen Satz »Wenn es nur Gerechtigkeit auf dieser Welt gäbe« (W 2,506) vor sich hinsprach. Das Erlebnis mit Onkel Thomas verarbeitete der elfjährige Junge dann in dem Prüfungsaufsatz, der das Thema »Ein merkwürdiges Erlebnis« trug. Daniel bestand die Aufnahmeprüfung nicht und litt enorm unter diesem Mißerfolg, so daß das Scheitern maßgeblich für sein weiteres Leben werden sollte: Er entschloß sich, in eine festgefügte Rolle zu schlüpfen und sein Tagesgesicht von strenger Gerechtigkeit aufzusetzen. Er war damit ein Leben lang dazu verurteilt, diese Rolle zu spielen, ohne daß sich für ihn eine andere Seinsmöglichkeit anbot. Wie von einem inneren Zwang geleitet, ergab sich für ihn nicht die Aussicht, aus sich herauszugehen und seine Haltung zu hinterfragen.

In der Gegenwartshandlung wird der Schulleiter Daniel vor seinem Gymnasium dann jedoch mit einer neuen Situation

konfrontiert, die ihn veranlaßt, seine Lebenshaltung grundlegend zu ändern. Er sieht viele Prüflinge mit ihren Eltern vor sich, die ihre von unechter Heiterkeit und verzweifelter Gleichgültigkeit geprägte Rolle spielen. Daniel findet unter ihnen einen Jungen, der »abseits auf der Schwelle eines zerstörten Hauses saß«. Dieser Knabe »glich ihm selbst, wie er sich dreißig Jahre jünger in Erinnerung hatte, so sehr, daß es ihm schien, als fielen die dreißig Jahre von ihm ab wie Staub, den man von einer Statue herunterpustet« (W 2,509).
In der kurzen Zeit, die ihm bleibt, bevor er das Schulgebäude betritt, durchspielt Daniel gedanklich drei Existenzmöglichkeiten. Er könnte seine eigene Existenz als »Daniel, der Gerechte« mit dem aufgesetzten Gesicht weiterspielen, es wäre für ihn aber auch möglich, wie das Kind zu werden, er müßte dann aber in eine Seinsweise hineinschlüpfen, die er vor dreißig Jahren schon einmal durchlitten hatte. Am verlockendsten erscheint es ihm in diesem Moment jedoch, so zu werden wie Onkel Thomas, der auf eine »Gerechtigkeit auf der Welt« hoffte, aber ebenso wie seine Mitbewohner im Irrenhaus der Mordaktion der Nationalsozialisten zum Opfer fiel und somit vergeblich nach der »Gerechtigkeit auf dieser Welt« verlangte. Daniel entschließt sich, seine eigene Gegenwartsrolle weiterzuspielen, diese jedoch entscheidend zu ergänzen. Er, der Gerechte, glaubt an diesem Morgen noch nicht am Ziel angelangt zu sein, weshalb er die Entscheidung trifft, dem Jungen sein eigenes Schicksal zu ersparen. Daniel weicht damit von der eigenen Lebenshaltung ab, geht über die formale Gerechtigkeit hinaus und nimmt eine subjektive Haltung ein, die er höher einschätzt. Bisher hing die Gerechtigkeit mit Rache zusammen, weshalb er auch vor dreißig Jahren das entscheidende Wort in der Prüfung anstatt mit e mit ä geschrieben hatte: »Gerächtigkeit«. Nun entfernt er die Rache aus der Gerechtigkeit, schlägt sich auf die Seite des Kindes und nimmt dabei die Position der Liebe ein, die in den zurückliegenden dreißig

Jahren keine Rolle zu spielen schien, denn auch das Leben mit seiner Frau wird von ihm als eine Partnerschaft von sich fremden Menschen angesehen. Am Ende der Haupthandlung ist Daniel in der Lage, sein hartes Gerechtigkeitsgesicht abzusetzen und sich für ein eigenes Gesicht zu entscheiden, denn er ist zu dem Entschluß gekommen, dem Jungen sein Schicksal zu ersparen.

Das Ausbrechen aus dem Normativen der Gerechtigkeit ist eng verbunden mit der Erkenntnis, die Liebe habe stärker zu sein als die alttestamentarische Position, die das »Auge um Auge« zur Gerechtigkeitsnorm erhebt. Für den Prüfling kann Daniel nun etwas bewirken, was seinem Leben bisher fremd war, nämlich Liebe zu schenken. Der Onkel, bei dem er als Elfjähriger vor dem Prüfungstag übernachtete, hatte ihm zwar auch Liebe zukommen lassen, auch er wollte ihm helfen, doch war dieser wegen seiner Schüchternheit hilflos. Der andere Onkel, Thomas, beklagte sich lediglich über den Mangel an Gerechtigkeit und zog sich in den Wahnsinn zurück, da er keine Gerechtigkeit auf dieser Welt fand; er wurde ermordet. Daniel schlägt einen anderen Weg ein, weil plötzlich beim Anblick des Prüflings etwas Unerwartetes auf ihn zukommt; er geht aus sich heraus, verläßt seine Rolle und tritt zu einem anderen Menschen, dem er die Leiden durch den Mißerfolg ersparen möchte, in eine personale Beziehung. Sein bisheriges Leben hätte keine Möglichkeit zur Veränderung gelassen, erst die Öffnung gegenüber einer anderen ethischen Lebenshaltung wirkt als ein Akt der Selbstbefreiung.

Das Brot der frühen Jahre. Die Hauptperson dieser 1955 erschienenen Erzählung, Walter Fendrich, schildert als Ich-Erzähler die Ereignisse eines einzigen Tages, an dem er einer jungen Frau begegnet und sich in sie verliebt. In der Rückschau erinnert er sich an seinen Werdegang bis zu diesem wichtigen Ereignis, das sein bisheriges Leben ab-

schließt und den Anfang einer neuen Entwicklung bedeutet.
Nach einer schwierigen Kindheit und Jugend ist aus Walter Fendrich ein geschäftstüchtiger Elektriker geworden, spezialisiert auf die Reparatur von Waschmaschinen. Walter arbeitet in der Zeit des Wirtschaftswunders zwölf Stunden am Tag, schläft acht Stunden, so daß ihm vier Stunden für Freizeit übrigbleiben, in denen er sich oft mit Ulla Wickweber, der Tochter seines Chefs, trifft. Für beide ist es bis zu dem alles verändernden Ereignis eine unausgesprochene Selbstverständlichkeit zu heiraten. In den zwölf Stunden, die seinen Arbeitstag bestimmen, eilt er von Auftrag zu Auftrag, lernt dabei freundliche Menschen kennen, da auch er einen liebenswürdigen Umgang mit seiner Kundschaft pflegt, und erhält für seine Mühe einen anständigen Lohn, was ihm einen bescheidenen Wohlstand sichert. Insgesamt empfindet der Erzähler sein Leben als durchaus passabel.
An dem Montagmorgen, von dem die Erzählung handelt, erhält Walter einen Brief von seinem Vater, der ihm die Ankunft von Hedwig Muller, die ihr Pädagogikstudium aufnehmen möchte, ankündigt. Für Hedwig hatte er über Beziehungen bei einer Wäschereibesitzerin in der Judengasse ein Zimmer besorgt, und nun bittet ihn sein Vater, die junge Studentin vom Bahnhof abzuholen. Auf dem Weg dorthin versucht Walter, sich ein Bild von Hedwig zu machen, die er vor Jahren einige Male gesehen hatte; doch als er auf dem Bahnsteig ankommt, erblickt er eine junge Frau, die anders aussieht als diejenige, an die er sich erinnert. Er spricht sie dennoch an und ist so durcheinander, daß er Hedwig ihren schweren Koffer selbst tragen läßt. In der Judengasse angekommen, verabschiedet er sich mit dem Hinweis, sie in einer halben Stunde zum Essen abzuholen. Immer noch verstört, fährt Walter mit seinem Auto durch die Stadt, kauft Blumen, hebt fast sein ganzes Geld vom Konto ab und kehrt zu Hedwig zurück, die ihn jedoch unerwartet wegschickt. Kopflos verläßt Walter das Haus, wird aber von

Das Brot der frühen Jahre 83

der Besitzerin des Waschsalons gebeten, nach einer heißgelaufenen Maschine zu sehen, was er trotzig ablehnt. Jetzt ist Walter bewußt, daß er gegen seinen derzeitigen Beruf genauso eine Ablehnung empfindet wie gegen all die anderen Berufe, in denen er eine Ausbildung begonnen, dann aber schnell wieder abgebrochen hatte. Ihm scheint nun alles unbedeutend zu sein, wenn er nur Hedwig wieder treffen und mit ihr zusammen sein könnte. So blickt er, ständig rauchend, fieberhaft auf die Haustür, in der er die Studentin erwartet. Die Notizzettel, auf denen die Namen der Kunden stehen, die an diesem Tag hätten bedient werden sollen, vernichtet er, um an keine weitere Verpflichtung gebunden zu sein. Als die Studentin plötzlich vor ihm steht, gehen beide nach einem kurzen Gespräch in eine nahegelegene Gaststätte, wo Walter ihr unumwunden seine Zuneigung gesteht und offen erklärt, er wolle sie am selben Tag noch verführen. Allerdings müsse er sich vorher von seiner Freundin lossagen. Nach der Zusammenkunft mit Ulla kehrt er in die Judengasse zurück und fährt mit Hedwig in seine Wohnung, da der ihrigen eine weitläufige Bekannte ihren Höflichkeitsbesuch abstattet. Aber auch in Walters Wohnung treten Schwierigkeiten auf, da die Vermieterin es nicht duldet, daß das unverheiratete Paar über Nacht in ihrem Haus zusammenbleibt, obwohl Walter ihr die Wichtigkeit seines Anliegens mitteilt und von einer Nothochzeit spricht, die auch ohne Priester vorgenommen werden müsse.

Die Erlebnisse dieses ereignisreichen Tages enden mit der Fahrt zu Hedwigs Zimmer, dort aber sehen sie, daß ihr Besuch immer noch wartet. Aber an diesem Abend noch wird er das Zimmer verlassen, und sie werden zusammen die Treppen zu Hedwigs Wohnung hinaufgehen. In einem inneren Monolog gesteht sich Walter ein, er könne sich von den Bildern, die aus seinem Inneren aufsteigen, nicht mehr lösen. Diese Bilder sind bestimmt von Hedwig: »[...] ich wußte, daß ihr Gesicht unvergänglich war, daß ich sie wiedersehen würde [...]. Hedwigs Gesicht, das ich mit meinen

Augen gar nicht sehen konnte, weil die Nacht so dunkel war, aber ich brauchte keine Augen mehr, um sie zu sehen« (W 3,172).
Böll stellt mit Walter Fendrich eine Person dar, die verfangen ist in einer scheinbar nicht zu verändernden Situation. Aus den Reflexionen des Erzählers erfährt der Leser einiges über die Kindheit, die geprägt ist vom frühen Verlust der Mutter und dem Verlangen nach Brot, so daß er nicht davor zurückschreckte, sogar aus der Bibliothek des Vaters Bücher zu stehlen und sie weit unter Preis zu verkaufen. Walters unstillbares, gieriges Verlangen nach Brot, das sich in dieser Zeit zeigt, wird zum Leitmotiv der Erzählung. Er hat in der Nachkriegszeit erlebt, wie der Hunger das Handeln der Menschen bestimmt, wie Gier entsteht, aber auch Hartherzigkeit bei jenen, die etwas besitzen. Der Vater, von Beruf Lehrer, gibt einem Bäckerskind sogar bessere Noten als ihm zustünden, nur um seinem Sohn eine extra Portion Brot zukommen zu lassen. Walter gesteht sich ein, brotsüchtig gewesen zu sein, so »wie man morphiumsüchtig ist«, verbunden mit einer wölfischen Angst, eines Tages kein Brot mehr zu bekommen (W 3,102 f.).
Obwohl für Walter die Zeit des Mangels vorübergegangen ist, spürt er immer noch die Auswirkungen jener zurückliegenden Jahre, und er beurteilt die Menschen danach, ob sie ihm Brot gegeben hätten oder nicht: Das Brot wird zu einer »Rechnungseinheit«.
Walter entwickelt sich zu einem erfolgreichen Handwerker, der aber immer noch gefangen ist im materiellen Denken, von dem er sich nicht zu befreien vermag. Erst als er Hedwig trifft, wird ihm plötzlich bewußt, daß sein erfolggekröntes Leben auch den Charakter des Zwanges aufweist und einer Neubewertung bedarf. Er weiß, auch zukünftig diesem Zwang verfallen zu sein, wenn er weiterhin von Termin zu Termin hastet, zwölf Stunden am Tag, und wenn er weiterhin mit Ulla Wickweber zusammenbleiben wird. Ein solches sinnloses, in sich selbst kreisendes Leben würde es

nicht erlauben, neuartige Verhältnisse hervorzubringen. Die Welt, die Ulla Wickweber mit ihrem Vater repräsentiert, ist geprägt von Geschäftigkeit und der Begehrlichkeit nach Geld. Böll stellt die Geschäftspraktiken der Wickwebers bloß. Wenn Walter mit Ulla zusammen war, weckte er in sich den Hunger der frühen Jahre: »[...] ich weckte den Wolf, der immer noch in mir schlief, den Hunger, der mich die Preise lehrte: ich hörte ihn knurren [...], und ich sah die hübschen kleinen Hände, die auf meinem Arm, die auf meiner Schulter ruhten, zu Krallen werden, die mir das Brot entrissen hätten« (W 3,110).

Während des Abschiedsgesprächs mit Ulla in einem kleinen Café arbeitet Walter die Vergangenheit auf und wirft der Freundin Hartherzigkeit gegenüber Angestellten vor. Er wirft ihr vor, daß sie beim Tod einer jungen Arbeiterin nichts anderes tat, als sie mit roter Tinte aus der Lohnliste zu streichen. Auch hätte sie sich am liebsten Quittungen für ihre Küsse geben lassen, um sie dann in einem Ordner für die Steuererklärung abheften zu können. Walter ist sich bewußt, schon in diesen von Schuld geprägten Lebenszusammenhang zu gehören, wenn er sich an einen Kollegen erinnert, der tödlich verunglückte, als er eine alte Waschmaschine aus einer zerbombten Wohnung holen wollte, und dessen Name ebenfalls mit roter Tinte aus der Lohnliste gestrichen wurde.

Aber erst seit diesem ausschlaggebenden Treffen mit Ulla ist sich Walter seiner eigenen Lage bewußt. Er hätte berufliche wie private Sicherheit haben können, das wäre aber eine Sicherheit gewesen, die keine Neuerung mehr zugelassen hätte. Die Möglichkeit zur Veränderung hin zu einer neuen moralischen Lebenshaltung wird von außen angeregt, durch das Zusammentreffen mit der Studentin und die plötzlich auftretende Liebe. Walter öffnet sich dem Neuen, ohne daß er weiß, wie es aussehen könnte. Sicher ist er sich aber, daß diese Öffnung eine Selbstbefreiung bewirkt, die jedoch nur dann glückt, wenn die enge Verbundenheit mit der ihm immer noch fremden Hedwig dazugehört.

Um diese Veränderung vollends herbeizuführen, muß er die eigene Vergangenheit neu bewerten und die neue Verbindung festigen, festigen in einer Hochzeitsnacht. Er denkt an eine »Nothochzeit«, wenn er seiner Wirtin gesteht, er befinde sich mit Hedwig in einer ausweglosen Position: »[...] wir sind in der Wildnis, und ich sehe weit und breit keinen Priester« (W 3,170). Hedwig spielt bei diesem entscheidenden Gespräch mit der Wirtin nur eine passive Rolle; als er das Haus verläßt, zieht er die schweigende Geliebte am Arm hinter sich her. Bezeichnend ist, daß Walter mit Hedwig an diesem Tag kaum ein Wort redet, und Hedwig trägt auch willentlich nicht zur Veränderung Walters bei. Nur durch ihre Anwesenheit zeigt sich auf überraschende Weise die neue existentielle Möglichkeit für den Beginn einer neuen Phase im Leben Walters. Böll hat allerdings in seiner Erzählung die Ausgestaltung der neuen Lebensphase nur angedeutet. Sicher ist, daß die mit dem Brotmotiv verbundene Einstellung und Lebensweise überwunden ist, eine Lebensweise, die in die Not der Nachkriegszeit und den Erscheinungen des Schwarzmarkts zurückreicht, die sich bei Walter aber auch in den späteren Jahren als eine Gier nach materiellen Dingen erwiesen hätte, da er in der Welt der Wickwebers nur noch funktionierte. Sicherlich wird das neue Leben nicht mehr geprägt sein von einer Kosten-Nutzen-Kalkulation, in der Gefühle allenfalls eine untergeordnete Rolle spielen. Das neue Leben wird von einer Menschlichkeit sein, die Böll schon in der Person von Walters Vater angelegt hat, der sich herabwürdigen ließ, ohne seine Würde, seine humane Größe zu verlieren. Letztendlich war er nicht mehr bereit, dem Bäckerssohn gegen seine Überzeugung gute Noten zu geben, nur um den Hunger seines eigenen Kindes zu stillen.

In der Poetikvorlesung, die er im Sommersemester 1964 an der Frankfurter Universität hielt, hat Böll das Brot zum

Lieblingsmotiv erhoben. Hier führt er aus, daß das Brot für ihn mehr bedeutete als nur den gebackenen Brotlaib, daß er es auch als Zeichen von Brüderlichkeit, Frieden und Freiheit versteht (III,79). Diese Werte vertritt am Ende des Romans auch die Hauptperson, die sich von dem materiell orientierten Leben befreite.

Billard um halbzehn. Dieser 1958 entstandene und ein Jahr später veröffentlichte Roman behandelt, ähnlich wie die im selben Jahr erschienene *Blechtrommel* von Günter Grass, nicht nur ein Gegenwartsthema, sondern rückblickend wichtige Abschnitte der Geschichte Deutschlands seit der Jahrhundertwende. Beide, Grass und Böll, stellen Zeitgeschichte dar und verfolgen die Aufgabe, eine Epochenbilanz zu ziehen. Sie durchdringen episch das Wesentliche des vergangenen halben Jahrhunderts und arbeiten die Gegenwart in ihrer Abhängigkeit von dieser Vergangenheit heraus.

Die Gegenwartshandlung des Romans *Billard um halbzehn* umfaßt etwa einen Zeitraum von zehn Stunden des Tages, an dem der Architekt Heinrich Fähmel seinen 80. Geburtstag zu feiern gedenkt. Der Gang dieses Handlungsstrangs setzt am Vormittag des 6. September 1958 mit dem Zusammenpacken alter Unterlagen im Architekturbüro durch die Sekretärin Leonore und den Achtzigjährigen ein, während sein Sohn, Dr. Robert Fähmel, wie jeden Tag im Hotel Prinz Heinrich in Anwesenheit des Hotelboys Hugo seit halb zehn Billard spielt. Die Handlung endet am frühen Abend mit einem Mordversuch Johannas, Heinrich Fähmels Gattin und Insassin einer Nervenheilanstalt, sowie der Zerstörung einer Legende.

Die in der Kernhandlung auftretenden Personen – Heinrich und Johanna Fähmel, ihr Sohn Robert und ihr Enkel Joseph, dessen Freundin Marianne, Schrella, der Jugendfreund Roberts und deren Widersacher Nettlinger sowie der Hotelboy Hugo – rekonstruieren aus ihrer subjektiven Sicht die Vergangenheit, halten innere Monologe oder führen Gespräche mit ihren Partnern, leisten also Erinnerungsarbeit. In dem nicht linear fortschreitenden Erzählvorgang, dem die Erzähltechnik der Bewußtseinsdarstellung zugrunde liegt, vergegenwärtigt Böll die Vergangenheit aus subjektiver Perspektive und läßt sie im Zeichen einer umfassenden Schuld erscheinen. Die Informationen über die letzten einundfünfzig Jahre, die den größten Teil der Romanhandlung ausmachen, ermöglichen es dem Leser, den Romanschluß zu verstehen, die Tötungsabsicht der alten Frau, die improvisierte Geburtstagsfeier, aber auch die Adoption Hugos.

Böll läßt mehrere Zeitebenen ineinanderfließen, um Gegenwärtiges mit Vergangenem zu verbinden, wobei das Zentralmotiv *Abtei Sankt Anton* eine wichtige Bindegliedfunktion übernimmt. Der neunundzwanzigjährige Heinrich Fähmel hatte diese Anlage im Jahr 1907 zu bauen begonnen, sie wurde aber von dessen Sohn Robert kurz vor Kriegsende 1945 gesprengt und sollte im Jahr 1958, unter Mithilfe des Enkels Joseph Fähmel, wieder aufgebaut werden. Auch die immer von neuem auftauchenden Symbole *Sakrament des Büffels* und *Sakrament des Lammes* gewährleisten den Zusammenhalt der einzelnen Romanteile. Diese Sinnbilder stehen einerseits für die Machthaber, für die Militaristen, alten Nazis und Kriegsgewinnler, andererseits für die Leidenden, Bedrängten und Verfolgten.

Insgesamt spiegelt die Handlung eine Zeitspanne von mehr als einem halben Jahrhundert deutscher Geschichte im Schicksal von drei Generationen der Architektenfamilie Fähmel. Die Jahre 1907, 1917, 1935, 1942 sowie der Mai 1945 stellen dabei Fixpunkte dar: Ereignisse in diesen Jahren, an die sich Personen aus ihrer Sicht erinnern, kehren in Variationen immer wieder. Schauplatz der Handlung ist eine nicht namentlich genannte Stadt an einem Fluß mit fünf Kirchturmspitzen und römischen Kindergräbern als Touristenattraktion.

Der Erzählvorgang in Form von Reflexionen und Gesprächen dient jeder beteiligten Person dazu, die Vergangenheit zurückzuholen, sich an sie zu erinnern. Die zum Teil simultan ablaufende Handlung wird nacheinander erzählt und teilweise auf mehrere Kapitel aufgeteilt. Die Handlung, wird sie chronologisch verfolgt, beginnt am 6. September 1907, also genau 51 Jahre vor dem Geburtstagsereignis. An diesem Tag kam der junge Architekt Heinrich Fähmel am Bahnhof der Stadt an, mit dem festen Plan, sie zu erobern. »Einen Kilometer betrug der Radius des Halbkreises, den ich um den Bahnhof herum gezogen hatte: innerhalb dieser roten Linie wohnte die Frau, die ich heiraten würde, ich kannte sie nicht, wußte nicht ihren Namen, wußte nur, daß ich sie aus einem der Patrizierhäuser nehmen würde, von denen mein Vater mir erzählt hatte« (W 3,350). Gleich an diesem Tag der Ankunft arbeitete der Neunundzwanzigjährige an seiner eigenen Legende, indem er um neun Uhr das Café Kroner betrat und dort ein Frühstück, bestehend aus drei Tassen Kaffee, Toast, zwei Scheiben Schwarzbrot, Butter, Orangenmarmelade, einem gekochten Ei sowie Paprikakäse, bestellte und dieses Frühstück von nun an jeden Tag über die 51 Jahre der Handlung hinweg zur selben Zeit einnahm.

Die Zielgerichtetheit seines Lebensplans zeigte sich auch in dem Vorhaben, sich nach der Ausschreibung des Baus der Benediktinerabtei Sankt Anton an diesem Wettbewerb zu beteiligen. Heinrich Fähmel reichte seinen Entwurf beim Notar Dr. Kilb ein und erhielt kurze Zeit später den Zuschlag. Er hatte sich gegenüber seinen älteren Konkurrenten durchzusetzen gewußt. Aber auch sein anderes Vorhaben, eine Frau aus vornehmer Familie zu heiraten, konnte er schon bald verwirklichen. Heinrich Fähmel hielt, nun beruflich erfolgskrönt, bei ebendiesem Dr. Kilb, dessen Vorfahren seit drei Jahrhunderten in der Stadt lebten, um die Hand der zwanzigjährigen Tochter Johanna an. Johanna schenkte ihm später vier Kinder, wovon drei starben. Der

Grundstein zur privaten Karriere war damit ebenso gelegt wie zur beruflichen. Hochzeit, Kinder und Abteibau wurden die wesentlichen Elemente seines Lebensplans. Heinrich Fähmel hatte damit seinen Mythos selbst begründet und begonnen, sich ein Denkmal zu errichten. Aber wozu diente ihm dieser Mythos seines Lebens, von dem er sich am achtzigsten Geburtstag distanzieren sollte, als er die Sekretärin aufforderte, das Denkmal seines Lebens zu bespucken?

Johanna hatte 1907 ebenfalls ein Auge auf den jungen Architekten geworfen, sehnte sie sich doch danach, »vom Tode aus dem Wolfszwinger«, wie sie es rückblickend beurteilte, erlöst zu werden (W 3,420). Sie wollte keine übliche Ehe eingehen, denn in den Augen der Mutter hatte sie abgelesen, daß diese den Wölfen vorgeworfen worden war, Biertrinkern, Corpsstudenten und Gesetzeshütern, Männern, die von ihren Frauen ein Leben im Puppenheim verlangten. Johanna hatte allerdings vor, sich einzumischen, sie wollte in ihrer Erziehungsarbeit Einfluß nehmen, was ihr ihr Mann auch ermöglichte. Mit Heinrich hatte sie einen Gatten gewonnen, der nie vom *Sakrament des Büffels* kosten sollte.

Böll führt mit dem *Sakrament des Büffels* ein Symbol ein, das prägend für die Sinnkonzeption des Romans wird. Diejenigen, die von ihm aßen, repräsentierten in Deutschland die Macht und damit auch die Unterdrückung und die Gewalt, die ungebrochen vom Ersten Weltkrieg bis in die Zeit des Wirtschaftswunders andauerte. Das *Sakrament des Büffels* wird ergänzt von dem des *Lammes*, von dem diejenigen kosteten, die zum Leiden bestimmt waren, die sich dem erbarmungslosen Vorgehen der *Büffel* auslieferten und flohen.

Johanna erlebte in ihrer väterlichen Familie, welches Schicksal diejenigen ereilen sollte, die am *Sakrament des Büffels* teilhatten: ihre beiden Brüder fielen im Ersten Weltkrieg. Sie machte aber schon bald die Erfahrung, daß auch ihr eigener Sohn Heinrich in der Schule zu einem *Büffel* erzogen wurde. Als er siebenjährig 1917 starb, flüsterte er das »schreckliche Losungswort«, den »Namen des geheiligten Büffels: ›Hindenburg‹« (W 3,398). Schlimm traf es die Familie allerdings, als sich der jüngste Sohn Otto ebenfalls zu einem Büffel entwickelte, ohne daß die mütterliche Erziehung es hätte verhindern können. Die Veränderung, die in Otto vorging, konnte Johanna schon an seinem Schritt unüberhörbar erkennen, es war ein »Marschschritt, der ›Feindschaft, Feindschaft‹ auf die Fliesen des Flurs trommelte, Feindschaft aufs Pflaster« (W 3,395). Otto hatte vom *Sakrament des Büffels* nicht nur gekostet, er war damit geimpft worden, und die Schuldigen hatten sein Blut ersetzt durch ein neues, was sein Verhalten so verändern sollte, daß er selbst die eigene Mutter dem Henkersknecht ausgeliefert hätte. Als Opfer der Gewalttat der Büffel fiel Otto 1942 in Kiew.

Zentrale Bedeutung für diejenigen, die vom *Sakrament des Büffels* aßen und damit den Schuldzusammenhang konstituieren, kommt Nettlinger zu, einem Schulkameraden von Ottos Bruder Robert. Dieser Nettlinger hatte Otto verführt und andere dem Tod ausgeliefert. Um das antagonistische Verhältnis der *Büffel* zu den *Lämmern* zu verdeutlichen, fügt Böll eine Geschichte in die Romanhandlung ein, die sich auf ein von ihm selbst verfolgtes Ereignis kurz nach der »Machtergreifung« bezieht. Junge Mitglieder des Rotfrontkämpferbundes waren des Mordes angeklagt und mit dem Handbeil in Köln hingerichtet worden. In seiner autobiographischen Schrift *Was soll aus dem Jungen bloß werden* erinnert sich Böll: »[...] dieser Tag ist mir als einschneidendes Signal in Erinnerung geblieben. [...] Am Tag der Hinrichtung hing Schrecken über Köln, Angst und Schrecken« (35 f.). In Anlehnung an dieses Ereignis wird in *Billard um halbzehn* der Lehrling Ferdi Progulske 1935 öffentlich hingerichtet, weil er eine selbstgebaute Bombe einem *Büffel* vor die Füße geworfen hatte. Robert Fähmel hatte Ferdi

1935 das Pulver besorgt, aber die Sprengkraft erwies sich als zu schwach, um zu töten. Ferdi wurde zwar Opfer der *Büffel*, doch er hatte Widerstand geleistet und nahm damit eine andere Position als die apolitischen *Lämmer* ein, weil er nicht vorbehaltlos vom Leiden bereit gewesen war.
Erzähltechnisch lassen sich die Büffel von den Lämmern klar unterscheiden: Die Personen, die zu der Gruppe der *Büffel* gehören, werden ausschließlich in einer Außensicht dargestellt. Der Perspektivenwechsel tritt jedoch immer bei der Schilderung von Personen ein, die vom *Sakrament des Lammes* aßen.
Zu der Gruppe der Leidenden und Duldenden gehört auch Roberts Freund Schrella, der ebenfalls Widerstand leistet, von Nettlinger und dem Turnlehrer Wakiera oft verprügelt und mit einer Stacheldrahtpeitsche gefoltert wurde und dem nichts anderes übrigblieb, als aus Deutschland zu fliehen. Schrella hatte versucht, Robert als Verbündeten zu gewinnen, damit dieser ebenfalls vom *Sakrament des Lammes* esse, aber Robert schwor lediglich, sich nie auf die Seite der *Büffel* zu stellen. Er wollte nicht in die passive *Lamm*-Position verfallen. Diesen Schwur leistete auch Edith, wie ihr Bruder Schrella eine Repräsentantin der *Lämmer*. Mit Edith war Robert kurze Zeit zusammen, heiratete sie später, nachdem sie ihm den Jungen Joseph geboren hatte. Aber vor dieser Geburt mußte Robert, da er am Attentat Ferdis beteiligt war, ebenfalls aus Deutschland ins benachbarte Holland fliehen, und ein unbekannter Junge übermittelte der Mutter heimlich Botschaften über seinen Verbleib. Edith starb, von einem Bombensplitter getroffen, sie wurde damit ebenfalls Opfer der *Büffel*, genauso wie ihr Vater, der unauffindbar verschwand. Zu dieser Gruppe gehörten auch der anonyme Nachrichtenüberbringer und ein Pole, der lediglich die Hand gegen den Turnlehrer erhoben hatte. Es genügte den Herrschenden »ein unangebrachtes Wimpernzucken, Haarwuchs und Nasenform«, um zu töten, aber die *Büffel* benötigten eigentlich nicht einmal diese Zeichen, es reichte ihnen

schon der »Geburtsschein des Vaters oder der Großmutter« (W 3,433 f.).
Robert wollte sich nach seiner Amnestierung in Deutschland, der sich ein Architekturstudium und eine erfolgreiche militärische Laufbahn als Sprengspezialist anschloß, nicht mit der Machtposition abfinden, die die *Büffel* innehatten; ebensowenig fand sich seine Mutter mit dem Gegebenen ab, sie verlangte, im Winter 1941/42 mit den Juden abtransportiert zu werden, und wurde daraufhin in die Nervenheilanstalt eingeliefert, um die Realität nicht mehr wahrnehmen zu müssen. In ihrer Einstellung und ihrem Verhalten unterscheiden sich beide, ebenso wie Ferdi, von den *Lämmern*, weil sie sich in das Machtgefüge einmischten. Roberts Aufgabe bestand während des Krieges darin, der Wehrmacht ein Schußfeld zu verschaffen. Seine aufsehenerregendste Tat wurde die Sprengung der Abtei Sankt Anton wenige Tage vor Kriegsende auf Befehl eines wahnsinnigen Generals. Hiermit errichtete auch Robert sich selbst ein Denkmal, hatte er doch auf diese Gelegenheit fünfeinhalb Jahre gewartet (W 3,427); dem wahnsinnigen General hatte er »mit todernstem Gesicht die Notwendigkeit eingeredet, selbst vor solch ehrwürdigen Gebäuden nicht inkonsequent zu werden« (W 3,486 f.). Während der für verrückt erklärte Befehlshaber als nicht verantwortlich für seine Taten anzusehen ist, kommt jedoch Robert die volle Schuld zu (W 3,427). Die Abtei, so bekennt Robert später in einer inneren Rede, lag »wie ein Gottesgeschenk als seine Beute« vor ihm (W 3,427). Er hatte nicht aus blindem Eifer gehandelt, sondern aus Haß: »Soll ich bekennen, daß ich es gewesen bin? [...] wer ist schon schuldig? Ich bin nicht versöhnt mit der Welt« (W 3,489).
Später gestand er sich den wahren Grund seiner Tat ein, er wollte denjenigen, die nicht verschont worden waren, also seiner Frau Edith, dem Lehrling Ferdi, Schrellas Vater, mit den Trümmern ein Mahnmal setzen (W 3,427) und die Mönche, die mit den *Büffeln* paktiert hatten, bestrafen. Bis

in die Gegenwart hinein leugnete und verdrängte Robert Fähmel seine Schuld, es reute ihn sogar, keine Gelegenheit mehr gehabt zu haben, auch die Hauptkirche des Ortes, Sankt Severin, zu zerstören.

In diesen zeitlich fixierbaren Ereignissen drückt sich ein Schuldzusammenhang aus, verursacht von den Repräsentanten des *Sakraments des Büffels*, ohnmächtig erduldet von denen der *Lämmer*. Für Johanna und ihren Sohn Robert eröffnete sich ebenso wie für Ferdi jedoch eine Möglichkeit des Widerstandes, allerdings ohne daß sie die Machtposition der *Büffel* geschwächt hätten. Ihre Taten stellten lediglich Zeichen dar.

Eine weitere Möglichkeit der Veränderung zeigt sich am 6. September des Jahres 1958. Nun taucht Schrella plötzlich auf, nachdem er einen Tag zuvor bei seiner Rückkehr nach Deutschland an der Grenze verhaftet worden war, weil sein Name seit den Vorkriegsjahren immer noch auf den Fahndungslisten stand. Schrella gibt eine Antwort auf den zurückliegenden Zeitablauf, indem er sein Vaterland mit einer Frau vergleicht, die er einst geliebt hatte, sie dann aber, älter und etwas fett, jedoch auch wohlhabend geworden, nach über zwanzig Jahren wiedersieht: »die frühere Liebe wird unter solchen Umständen unvermeidlicherweise zu Ironie« (W 3,442). Schrella hatte nach der Flucht seine passive Haltung aufgegeben, war im Ausland auch zum Widerspruch bereit, indem er zwei Politiker wegen ihrer *Büffel*-Haltung bedrohte. Nach Deutschland zurückgekehrt, empfindet er jedoch Angst, wie er Robert gesteht. Seiner Meinung nach sei es dringend nötig, die Lämmer weiden zu lassen und die Aufgabe eines Hirten zu übernehmen; er aber beobachtet, daß nur Wölfe gezüchtet wurden (W 3,525). Als Robert Fähmel nach Deutschland zurückkehrte, hätte er dieses Hirtenamt übernehmen können, er war aber seit der Sprengung der Abtei Sankt Anton auch tief in den Schuldzusammenhang verstrickt.

Schrella äußert sich gegenüber Robert, er habe nicht ernst-

haft an die Möglichkeit der Erziehung der Jugend zur Friedfertigkeit geglaubt, da für ihn keine Möglichkeit bestünde, auf Kinder einzuwirken. Schrella sieht sich infolgedessen nicht in der Lage, sich niederzulassen, um etwas zur Veränderung des Bestehenden beizutragen. Er erkennt die Wirksamkeit der Schuld auch in der Gegenwart, was sich an der immer noch einflußreichen Position Nettlingers zeigt, aber auch an der Zusammenkunft Rechtsradikaler, die sich auf der Straße zu einer Kundgebung treffen und von einem Minister begleitet werden.
Kontinuität drückt Böll auch in der beständigen Fortschreibung von Gewohnheiten aus. Während Heinrich Fähmel das Ritual des Frühstücks einundfünfzig Jahre zelebriert, spielt Robert Fähmel täglich von halb zehn an Billard im Hotel Prinz Heinrich, begibt sich dann von 11 bis 12 Uhr ins Café Zorn, pflegt ab 12 Uhr seine Spaziergänge – jeden Tag vier Kilometer, immer den gleichen Weg (W 3,378) –, um sich dann um 13 Uhr mit der Tochter zum Mittagessen zu treffen (W 3,296). Das Ritual des Immergleichen begeht Robert auch geschäftlich, denn all seine Korrespondenz formuliert er seit Jahren gleichlautend (W 3,294). Für Robert ist aber die bestehende Wirklichkeit sinnentleert, weshalb er seine Billardkugeln auch nicht nach Regeln anstößt. Eine Wirklichkeitsausblendung nimmt auch Johanna während ihres Aufenthalts in der Nervenheilanstalt vor, was einer Wirklichkeitsentsagung gleichkommt. Schließlich zeigt sich die Kontinuität des Immergleichen sowohl in der Tätigkeit der Sekretärin, als auch an dem Keiler, der tagtäglich vor dem Geschäft Gretz hängt und sein Blut auf das Pflaster tropft.
Ein Ausbruch aus der Beständigkeit der Zeit tritt jedenfalls am 6. September 1958 bei Johanna Fähmel ein. Nachdem sie sich im Sanatorium die Vergangenheit als einen umfassenden Schuldzusammenhang bewußt gemacht hat und die gegenwärtigen Verhältnisse nicht anders deutet als die vergangenen, entschließt sie sich dazu, in die Wirklichkeit zurück-

zukehren und einen *Büffel* zu erschießen, um damit ein Zeichen zu setzen. In der Anstalt konnte sie sich einen Revolver besorgen, mit dem sie am Geburtstagsabend ihres Mannes auf einen Minister schießt, der sich auf der Straße mit einer Gruppe Rechtsradikaler trifft. Ihn macht sie als Repräsentanten der *Büffel* für den Tod ihrer Kinder verantwortlich. Der Getroffene ist nur verwundet, aber Heinrich Fähmel hofft, daß das durch den Schuß bewirkte »große Staunen [...] nicht wieder von seinem Gesicht verschwinden« werde (W 3,533).

Auch Heinrich zieht an seinem 80. Geburtstag einen Schlußstrich unter sein bisheriges Leben, indem er sein seit 51 Jahren eingenommenes Frühstück im Café Kroner überraschenderweise kündigt und dazu auffordert, auf sein zum Denkmal gewordenes Leben zu spucken. Als sichtbares Zeichen will er die Abtei Sankt Anton, die ihm die Wirtin des Cafés als Tortenmodell überreicht, mit seinen Fäusten zerstören, besinnt sich aber und schneidet ein Stück davon ab, das er Robert auf einem Teller überreicht.

Ebenfalls entschließt sich sein Sohn zu einem neuen Schritt, indem er an diesem 6. September 1958 dem Hotelboy Hugo die Adoption anbietet. Hugo war vor Jahren wegen seines *Lamm*-Gesichts vom Direktor zum Diener auserkoren worden, nachdem er in seiner Kindheit, ähnlich wie Schrella, Diskriminierungen hatte erleiden müssen. Nun will Robert mit der Adoption der Notwendigkeit nachkommen, *Lämmer* weiden zu lassen, was letztlich zu einer Erneuerung der Verhältnisse beitragen könnte. Auch der Enkelsohn Joseph bricht aus dem Kontinuum aus, indem er sich entschließt, am Wiederaufbau der Abtei Sankt Anton nicht mitzuwirken. Für Heinrich Fähmel endet der Tag schließlich mit dem Hinweis, er habe seine Frau wiederbekommen und mit der Adoption Hugos einen Enkel als Geschenk erhalten (W 3,533).

Die unterschiedlichen Antworten, die die Personen auf den Schuldzusammenhang der Vergangenheit geben können, läßt Böll nicht der Sozialgeschichte entspringen, sie stammen vielmehr aus einer Tiefenschicht der jeweiligen Handlungsträger selbst und können als ein Moment des Überraschenden gegenüber dem Gewohnten aufgefaßt werden. Der Erzählvorgang, das sich Erinnern als narrativer Prozeß, wird von Böll als literarisches Mittel eingesetzt, die Schuld zu erkennen. Eine sozialgeschichtliche Veränderung ist auch nach dem Attentat nicht erkennbar, sie wird lediglich erhofft, was sich in der Adoption ausdrückt, aber auch in der Aufkündigung des Frühstücks sowie der Hoffnung, daß das Staunen auf dem Gesicht des angeschossenen Ministers nicht mehr entweiche. Eine neuartige Gesellschaft müßte im Anschluß an die Ereignisse dieses Abends entstehen, in der die Hirten ihrer Aufgabe gerecht würden; diese Möglichkeit deutet Heinrich Böll jedoch nur an.

Klopfzeichen. Böll hatte sich zunächst der Prosa zugewandt und hier seine Darstellungsform entwickelt, aber nach Veröffentlichung der ersten Texte nutzte er Anfang der fünfziger Jahre auch das Medium Radio, das sich anbot, neue Ideen, »die speziell auf Klangeffekte aufgebaut sind«, umzusetzen.[18] Ein Beispiel hierfür ist das 1961 erstmals gedruckte, aber schon 1960 im NDR ausgestrahlte Hörspiel *Klopfzeichen*, das auf zwei sich vermischenden Zeitebenen angelegt ist. Im Mittelpunkt der Handlung steht ein etwa fünfundvierzigjähriger namenloser Mann, der am Abend vor der Erstkommunion seines ältesten Kindes ständig an ein Erlebnis während einer Zuchthaushaft erinnert wird. Der Hörer erfährt Wesentliches aus der Vorgeschichte, die unmittelbar, durch andere Sprecherstimmen und heftiges Klopfen kenntlich gemacht, in die Hauptgeschichte einfließt. Dieser Mann hatte während des Krieges einem bettelnden und hungernden Polen ein Stück Brot und ein paar

---

18 Arpád Bernáth, »Heinrich Böll als Hörspiel- und Dramenautor«, in: Balzer (Hrsg.) (Anm. 15), S. 76.

Zigaretten zugesteckt, wurde aber von einem gesetzestreuen Nachbarn denunziert und zu einem Jahr Zuchthaushaft verurteilt. Im Gefängnis belegte er eine zwischen der eines Priesters und der eines Landesverräters namens Julius gelegene Zelle. Dieser Julius wünschte, nachdem er im Zuchthaus heimlich getauft worden war, auch am Abendmahl teilnehmen zu dürfen. Da religiöse Handlungen jedoch nur im Verborgenen vorgenommen werden konnten, leitete die Hauptperson die Botschaften mittels Klopfzeichen von Julius' Zelle in die des Priesters und die Antworten des Priesters an Julius weiter. Diese Kommunikation erfolgte auch nachts und war Ausdruck einer beeindruckenden Religiosität. Um das Abendmahl zu feiern, mußte man aber noch Wein und Mehl schmuggeln, aus dem der Häftling dann auf der Heizfläche eines Bügeleisens kleine Oblaten backte, die schließlich während des Rundgangs heimlich wie Kassiber weitergereicht werden konnten. In der Nacht vor der Sakramentshandlung holte man Julius allerdings aus seiner Zelle und richtete ihn wegen des Diebstahls von einem halben Löffel Mehl hin.

An dieses Erlebnis muß der Mann auch noch Jahre nach Kriegsende zwanghaft immer wieder denken. Als seine Frau, nachdem sie die Vorbereitungen für den folgenden Tag abgeschlossen hat, versehentlich einen Mehltopf fallen läßt, wird ihm wieder die kleine Menge gestohlenen Mehls vergegenwärtigt, die benötigt wurde, um die winzigen Hostien zu backen. Als innerer Konflikt beschäftigt ihn nun die Erinnerung daran, daß Julius wegen einer so verschwindend geringen Menge gestohlenen Mehls sein Leben lassen mußte. Diese Gedanken an die Zeit im Zuchthaus nehmen neurotische Formen an, die sich in der Schwierigkeit äußern, nicht zwischen Gegenwart und Vergangenheit unterscheiden und die Gegenwartsrealität als existent wahrnehmen zu können. Gegenüber seiner Frau äußert er sich, er könne in die Zeit fallen wie in ein Loch, »und du weißt nicht, ob das Vergangene Gegenwart oder das Gegenwärtige Zukunft ist. Es ist eins« (Hörspiele, 153). Immer noch glaubt er, in der Zelle zu sitzen, und gibt Klopfzeichen weiter, weshalb ihm die Frau auch die wundgeklopften Knöchel mit einer Salbe versorgen muß. »Wahrscheinlich träume ich. Diese Wohnung ist nicht wahr, die Wände sind aus Traum, die Kinder Täuschungen« (Hörspiele, 151). Seine Angst will ihn davon abhalten, an die Wand zu klopfen, weil er glaubt, sie zerfiele zu Staub.

Die Ehefrau leidet unter diesem emotionalen Zustand: »Du klopfst gegen Wände, die nicht zu unserer Welt gehören, gibst Signale an Menschen weiter, die ich nicht kenne, und ich fürchte, daß du nie ganz in unsere Welt zurückkehrst« (Hörspiele, 157). Während für den Mann sich Vergangenheit und Gegenwart ständig vermischen, sieht er in dem Glauben an die Zukunft eine Möglichkeit, seine Ängste zu kompensieren. Diese Zuversicht weist religiöse Züge auf: Im Jenseits erhofft er sich eine Befreiung von den Zwängen der Gegenwart und eine neuartige Gemeinschaft mit Julius, den er im Zuchthaus nie zu Gesicht bekommen hat. Diese Gemeinschaft kommt für ihn in einer Welt zustande, die angst- und gewaltfreie Züge annimmt und in der die Dinghaftigkeit des Diesseits überwunden zu sein scheint. Die Jenseitshoffnung erweist sich so als eine unbewußte Flucht vor der Gegenwart und der familiären Gemeinschaft.

Böll stellt diesen Mann als einen in traumatischen Zwängen gefangenen Menschen dar, dem es nicht gelingt, mit der Wirklichkeit fertig zu werden und zwischen Traum und Gegenwart zu unterscheiden. Sein Inneres wird ständig von der Erinnerung angesprochen, die in ihm steckt, auf die er mit Klopfzeichen antwortet. Für den Hörer wird das gegenwärtige Leben durch eine familiäre Harmonie repräsentiert, die sich in der Zufriedenheit des Mannes beim Anblick seiner schlafenden Kinder zeigt, aber auch in dem Umgangston mit seiner Frau, der keine abweisenden Merkmale aufweist. Ein entfremdetes Eheleben, in Bölls Prosa oftmals »Ausdruck einer generellen gesellschaftlich-sozialen Entfremdung«[19], liegt hier nicht vor. Dennoch vermag die Hauptperson dem Leben keinen Sinn zuzuschreiben, Sinnstiftung ist für ihn nur in dem Bezug auf zeitlose Strukturen denkbar. Böll verzichtet aber darauf, diese zeitlosen Strukturen näher zu bestimmen, außer mit dem Hinweis auf eine Gemeinschaft der Hauptperson mit Julius. Deutlich wird aber auch, daß diese Jenseitsorientierung aus einer psychischen Notlage heraus resultiert. Böll läßt hier, wie schon in der Erzählung *Der Zug war pünktlich*, seiner Hauptperson spürbar werden, daß das Wesentliche für den Menschen erst jenseits der Zeit beginnt, obwohl in dem Hörspiel *Klopfzeichen* das Gegenwärtige nun keinerlei Züge der Bedrohung annimmt.

Die beiden wesentlichen Zeitebenen, die Vergangenheit und die Gegenwart, bilden keine Gegensatzbereiche, sondern sind aufeinander bezogen, vermischen sich ständig, um sich in der Psyche der Hauptperson zu ergänzen. Erzähltechnisch halten zentrale Motive beide zeitlichen Dimensionen zusammen. So nimmt das häufig im Werk Bölls vorkommende Motiv Brot eine wichtige Rolle ein und tritt auch in den Varianten Hostie und Mehl auf. In der Frankfurter Vorlesung wies er einige Jahre nach Ausstrahlung von *Klopfzeichen* auf dieses Lieblingsmotiv hin. Brot ist für Böll nicht nur das »vom Bäcker oder von der Hausfrau, vom Bauern« gebackene reale Brot, es ist mehr, nämlich »Zeichen der Brüderlichkeit nicht nur, auch des Friedens, sogar der Freiheit, und wiederum noch mehr: das wirkungsvollste Aphrodisiakum, und weiterhin: Hostie, Oblate, Mazze, magisch verwandelt zur Pille, die ihre Form von der Hostie hat«, die für Brüderlichkeit, Frieden, Freiheit steht (IIII,79). Brot wird in diesem Hörspiel zum sakralen Gegenstand.

Gegenüber seiner Frau äußert sich der Mann dahingehend, daß er die Vergangenheit nicht als schrecklich empfinde,

---

19 Karl-Josef Kuschel, »Liebe – Ehe – Sakrament«, in: Balzer (Hrsg.) (Anm. 15), S. 165.

weil er dem bettelnden Polen Brot gegeben habe. In diesem Akt des Schenkens drückt sich eine Form von Brüderlichkeit aus, die auch während der Haft bewiesen wurde, wenn es darum ging, die Hostie »in winzige Briefchen aus Zeitungspapier« zu stecken und beim Rundgang wie Kassiber zu schmuggeln (Hörspiele, 154): Aber geschmuggelt wurden sie von einem Mörder. Mit der Wahl einer solchen Person, die nicht einmal an Gott glaubt, die aber Solidarität und Verantwortung zeigt, wählt Böll in diesem Hörspiel jemanden zum Handlungsträger, »der von der Gesellschaft zum Abfall, als abfällig erklärt wird« (III,67). Hierin zeigt sich ein weiteres Merkmal seiner Ästhetik des Humanen, wie er sie in der Frankfurter Poetik-Vorlesung definiert hat.
Maßgebliches Kennzeichen von Bölls literarischem Programm ist die Übereinstimmung von Moral und ästhetischer Verarbeitung, was Böll an dem Denunzianten und dem einsitzenden Priester verdeutlicht. Der Nachbar ist zwar ein gesetzestreuer Mann, der seine Existenzberechtigung in der Nachkriegszeit nachweist, sie aber auch im Dritten Reich mit der Denunziation bewiesen hat. Durch dieses Verhalten wird natürlich das nachbarschaftliche Verhältnis zerstört. Hierzu heißt es in der Poetik-Vorlesung: »[...] zerstörte Nachbarschaft, vergiftetes Gelände machen es [...] unmöglich, Vertrauen zu stiften oder Trost zu spenden« (III,689). Trost zu spenden vermag in dem Hörspiel *Klopfzeichen* demgegenüber aber der im Zuchthaus einsitzende Priester, der aussieht wie ein Mörder und von dem es heißt, er habe das Gesetz gebrochen.
Es ist darauf hinzuweisen, daß das religiöse Moment in diesem Hörspiel eine überdeutliche Funktion einnimmt. Die religiöse Handlung ist ein Zeichen des Widerstandes gegen ein inhumanes Regime, sie stiftet, außerhalb der Institution Kirche im Zuchthaus eine religiöse Gemeinschaft zwischen Gläubigen und Nicht-Gläubigen, die auch bis in die Gegenwart hineinwirkt und die Zukunft zeichenhaft erscheinen

läßt. Nur in einer Extremsituation, wie sie unter den Haftbedingungen im Dritten Reich gegeben war, wird wahres Christentum möglich. Als Böll *Klopfzeichen* verfaßte, hat er es noch nicht für nötig empfunden, neue sakramentale Zeichen zu setzen, wie wir sie aus dem Prosawerk kennen, sondern hier genügte ihm noch das klassische Sakrament.

Ansichten eines Clowns. Der Roman handelt von dem Außenseiter Hans Schnier, der als Clown, »offizielle Berufsbezeichnung: Komiker, keiner Kirche steuerpflichtig« (W 4,247), von einer mißlungenen Gastspielreise in seine Vaterstadt Bonn zurückkehrt. Aus der eingeschränkten, weil subjektiven Ich-Perspektive des siebenundzwanzigjährigen Außenseiters erfährt der Leser etwas über die anderen Personen sowie über das Geschehen in Vergangenheit und Gegenwart. Der 1963 erschienene Roman ist zeitdeckend konzipiert, die erzählte Zeit, die Handlung in der Romangegenwart, ist knapp bemessen und erstreckt sich über eine Spanne von etwa vier Stunden, und so lange benötigt schätzungsweise auch der Leser für seine Lektüre. Allerdings verbinden sich Gegenwart und frühere Zeit im Bewußtsein des Ich-Erzählers, denn er wendet sich monologisierend sowohl der Vergangenheit zu, die zurückreicht bis in die eigene Kindheit im »Dritten Reich«, als auch der Zeit seit Mitte der fünfziger Jahre, in der er ein eheähnliches Zusammenleben mit Marie pflegte. Diese rückwärtsgewandte Perspektive ist dominant gegenüber der Gegenwartshandlung. Immer wieder reflektiert der Moralist Hans Schnier die ihm wichtigen Themen, so seine Veranlagung zur Monogamie und die Unauflösbarkeit der Ehe, aber auch die nicht bewältigte Vergangenheit des »Dritten Reiches« oder die Zwänge, die der wachsende Wohlstand seit der Zeit des Wirtschaftswunders aufgibt. Insgesamt bevorzugt der sentimentale Erzähler das Mittel der bissigen Satire, auch bemitleidet er sich mitunter selbst. Obwohl Böll das Motiv des

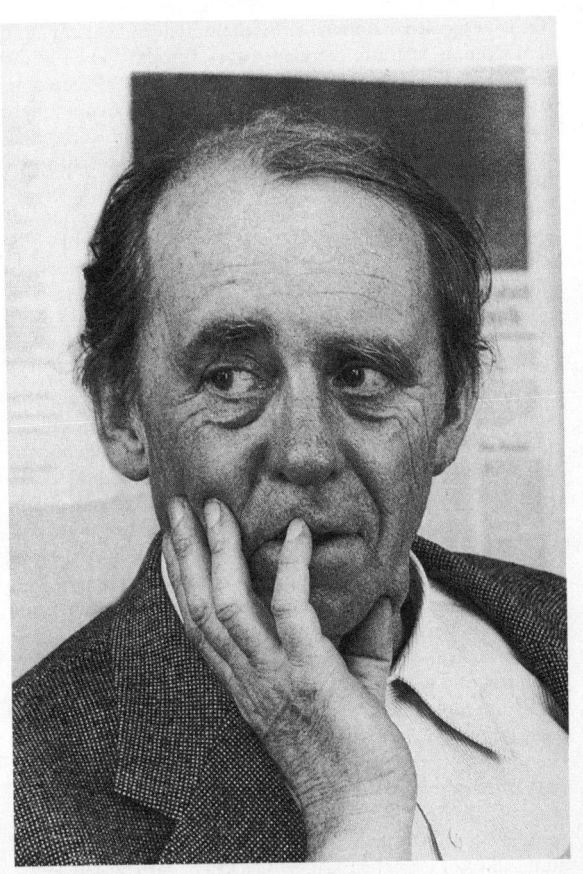

Heinrich Böll 1976

Nicht-vergessen-Könnens entwickelt, geht es schließlich in dem Roman auch um die Gegenwart, um das Leben in der Bundesrepublik Deutschland selbst: der Autor siedelt die Handlung in Bonn an. Zum zentralen Leitgedanken erhebt Böll allerdings die Auseinandersetzung mit dem Katholizismus, mit der doppelten Moral ihrer Repräsentanten, sowie die gefährdete Existenz des Künstlers.

Die äußere Handlung, zusammengefaßt: Hans Schnier, aus einer vermögenden und einflußreichen Industriellenfamilie stammend, verläßt kurz vor dem Abitur die Schule und lebt mit Marie Derkum in einer nicht legalisierten Ehe zusammen; dennoch sieht Hans Schnier diese Verbindung als einen auf ewig geschlossenen Bund an. Seinen Unterhalt verdient Hans Schnier als Clown, und Marie zieht mit ihm von Auftritt zu Auftritt, von Hotel zu Hotel. Er zeigt dabei keine Bereitschaft, auf Maries Wunsch nach einer Legalisierung der Verbindung einzugehen. In seinen Augen wird Marie jedoch von ihren katholischen Glaubensgenossen so beeinflußt, daß sie ihn, den Agnostiker, nach Jahren verläßt, u.a. auch deshalb, weil er sich nicht schriftlich bereit erklärt, die zu erwartenden Kinder katholisch zu erziehen. Hans Schnier geht es im Grunde nicht um diese Erziehungsfrage, vielmehr kann er aus innerer Überzeugung heraus keine schriftliche Verpflichtung eingehen, weil er sich keiner Institution, auch nicht der der Kirche oder des Staates, unterwerfen will. Das Ansinnen Maries empfindet Hans Schnier als Erpressung, und er will nicht erpreßbar sein. Als er dann nach Jahren der Auseinandersetzung mit Marie dazu bereit ist, sogar zu heiraten, hat sie die endgültige Trennung bereits durch ihren Weggang vollzogen. In seinen Augen beging sie, als sie ihn verließ, praktisch Ehebruch.

In dem Konflikt mit Marie unterliegt er. Die Hinwendung zum Alkohol ist neben seiner seelischen Verletztheit letztlich für die Zerstörung seines beruflichen Ansehens mit verantwortlich. Nach Bonn zurückgekehrt, führt er Telefongespräche, um sich Geld zu besorgen und um Marie zurückzugewinnen, scheitert jedoch mit beidem. Am selben Tag, an dem der Clown mittellos und ohne Engagement in Bonn ankommt, setzt er sich mit seiner Gitarre und wie ein Toter geschminkt auf die Treppenstufen des Bahnhofs, um Marie zu empfangen. Hans Schnier will auf der Bahnhofstreppe Mitleid erregen, gleichzeitig aber auch mit dem offenen Hut neben sich Geld von Passanten erbetteln. Er spielt den Bettler, während er auf den Zug wartet, der Marie mit ihrem »guten« Katholiken Züpfner von der Hochzeitsreise nach Bonn bringt.

Böll hat ursprünglich für seinen Roman den Titel »Augenblicke« gewählt, aber mit der Entscheidung für »Ansichten« unterstreicht er gleichzeitig die Bedeutung des Sehens. Bernd Balzer weist darauf hin, daß Böll 1952 in seinem *Bekenntnis zur Trümmerliteratur* (I,27–31) besonders das Auge des Schriftstellers als Metapher benutzte, um auf die spezielle Erkenntnismöglichkeit von Literatur aufmerksam zu machen. Der Clown Schnier besitzt das Auge des Schriftstellers, mit dem er Zusammenhänge zu enthüllen vermag.[20] Als Erzähltechnik wählt Böll die Form des inneren Monologs und schaltet somit einen objektiven und allwissenden Erzähler bewußt aus, um dem Leser die Bewußtseinsinhalte, die Gedanken, Erinnerungen und Empfindungen eines Betroffenen direkt zu vermitteln, damit dieser sich an den geistigen, psychischen Vorgängen Schniers orientiere. »Die faktische Reduktion des Erzählers auf den erlebenden Hans Schnier bewirkt ein Höchstmaß an Unmittelbarkeit und Plausibilität dieser erzählenden Figur.«[21] In den Reflexionen und Gesprächen Schniers kommt Kindheitserlebnissen eine besondere Bedeutung zu. Ein solches Erlebnis war für ihn besonders prägend. Seine

---

20 Bernd Balzer, *Heinrich Böll. Ansichten eines Clowns*, Frankfurt a.M. 1995, S. 36.
21 Ingo Lehnick, *Änderungen der narrativen Strategie bei Heinrich Böll und ihre Hintergründe*, Frankfurt a.M. [u.a.] 1996, S. 56.

Schwester Henriette, noch Schülerin, hatte sich noch kurz vor Kriegsende zu einem Flakeinsatz gemeldet, wobei die Mutter dies ihm gegenüber ausdrücklich mit den Worten rechtfertigte »›Du wirst doch einsehen, daß jeder das Seinige tun muß, die jüdischen Yankees von unserer heiligen deutschen Erde wieder zu vertreiben‹« (W 4,79). Das Mädchen kam nie wieder zurück, und für Hans Schnier bedeutete ihr Tod einen schmerzlichen Verlust, der zum Bruch mit den Eltern führte: »Seit dem Tod meiner Schwester Henriette existieren meine Eltern für mich nicht mehr als solche« (W 4,78). Hans Schnier beurteilt seine Mutter als herzlos, dumm und naiv, was sich auch in ihrem Unvermögen verdeutlicht, um Henriette zu trauern und Schmerz zu empfinden. Die eigene Schuld zu bereuen, dazu ist sie seiner Ansicht nach nicht imstande, auch nicht nach dem Krieg. So findet die Mutter es nicht verwerflich, Vorsitzende des *Zentralkomitees der Gesellschaft zur Versöhnung rassischer Gegensätze* zu werden, ohne sich in ihrem Verhalten verändert zu haben; eine innere Umkehr hat nicht stattgefunden. Es ist ihr nicht gelungen, ihre rassistischen Vorurteile wirklich zu überwinden, vielmehr übernimmt sie in einer neuen Zeit in oberflächlicher Weise eine neue Aufgabe. In den Augen ihres Sohnes spielt sie dabei immer noch dieselbe Rolle wie während der NS-Diktatur.

Schniers Einstellung zum Vater ändert sich jedoch während des vierstündigen Aufenthaltes, als dieser in die Wohnung kommt und sich beide aussprechen können. Obwohl ihm der reiche Vater kein Geld gibt, was Hans Schnier dringend benötigt hätte, wird ihm am Ende des Romans die humane Gesinnung des Vaters deutlich. Wiederum spielt auch hier die Erinnerungsfähigkeit eine entscheidende Rolle, denn nun wird dem Erzähler noch einmal bewußt, daß sich der Vater damals im Krieg schützend zu ihm bekannt hatte, als ihn der Jungvolkführer Herbert Kalick und der Lehrer Brühl als Defätisten anklagten und unnachgiebige Härte gegenüber dem zehnjährigen Jungen verlangten, was in jener

Situation die Todesstrafe bedeutet hätte. Auch hatte der Vater Frauen, die der Wehrkraftzersetzung bezichtigt wurden, aus seinem Schuppen befreit. Während des Gesprächs erkennt der Erzähler an sich selbst Züge des Vaters wieder: »ich war ihm verblüffend ähnlich« (W 4,265). Zwischen Vater und Sohn ist eine Beziehung hergestellt, die Verständigung voraussetzt, was in einem Gespräch mit der Mutter jedoch nicht gelingen wollte.

Die Erinnerung an die Vergangenheit greift nicht nur auf die Eltern zurück, sondern auch auf andere Personen, die sich gegen Ende des Krieges inhuman verhielten, dann aber im Adenauerstaat Karriere machten und eine Vorbildfunktion einnahmen, also eine ähnliche Entwicklung einschlugen wie die Mutter. Ohne wirkliche innere Umkehr konnten diese Vertreter des Bürgertums gesellschaftlich hochkommen. Einer ihrer Repräsentanten ist Herbert Kalick, Besitzer einer luxuriösen Villa und Träger des Bundesverdienstkreuzes, das er wegen »seiner Verdienste um die Verbreitung des demokratischen Gedankens in der Jugend« erhielt (W 4,213). Gegen Ende des Krieges hatte Kalick als starrköpfiger Hitlerjunge noch den zehnjährigen Hans Schnier angeklagt und sogar vorgeschlagen, ein Waisenhaus für den Endkampf zu mobilisieren. Hans erinnert sich nun, wie Kalick mit einer Einladung um Verzeihung bitten wollte, er ihm aber einfach einen Schlag ins Gesicht versetzte, Sektglas und Käsemesser ins Kaminfeuer warf und mit Marie wegging. Bei Kalick konnte er keine Bewältigung der Vergangenheit, keine Spur von Reue erkennen, und er hatte den Eindruck, daß diese Stütze der Gesellschaft immer noch genauso linientreu war wie damals als Hitlerjunge. Der Clown sah sich nicht in der Lage, Kalick die Absolution zu erteilen. Hans erinnert sich in diesem Zusammenhang auch an den Kreisleiter Kierenhahn, der einmal seine »schützende Hand« über Herrn Derkum, Maries Vater, gehalten hatte, nicht aber über andere Personen, die dann ermordet wurden; dennoch nimmt Kierenhahn die Bewunde-

rung als Widerstandskämpfer entgegen. Zu der Gruppe von angepaßten Karrieristen gehört auch der Lehrer Brühl, der damals zusammen mit Kalick als Ankläger aufgetreten war, nach dem Krieg jedoch seine Parteimitgliedschaft als Möglichkeit umdeutete, für Verfolgte einzutreten, um sich dann zum Pädagogikprofessor berufen zu lassen. Für Böll bietet die Parteizugehörigkeit dennoch kein Kriterium für das Schuldigwerden, vielmehr schildert er einen Ortsgruppenführer als sehr vernünftigen, als »anständigen« Menschen, um einen Schlüsselbegriff aus *Billard um halbzehn* zu verwenden.
Als grundlegender Konflikt steht jedoch Hans Schniers Auseinandersetzung mit der katholischen Kirche im Zentrum der Reflexion. Nachdem die Verbindung mit Marie zerbrochen war, unterstellte er wichtigen Vertretern katholischer Kreise, so dem Prälaten Sommerwild und Heribert Züpfner, Präsident des katholischen Laienverbandes, Marie darin unterstützt zu haben, ihren Partner zu verlassen. Hans Schnier ist davon überzeugt, mit Marie in einer richtigen Ehe gelebt zu haben, da sie sich in ihrer ersten gemeinsamen Nacht mit ihrem freiwilligen Ja-Wort gegenseitig das Sakrament der Ehe gespendet hätten. Für ihn, den Atheisten, gilt der christliche Maßstab der Treue, auch wenn er keinen Trauschein unterzeichnet hatte. Indem Marie ihn verließ, um mit Züpfner zusammenzuleben, beging sie in seinen Augen Ehebruch und »Hurerei« (W 4,169), und Prälat Sommerwild schiebt er die Rolle des Kupplers zu, der zum Bruch der legitimen Ehe beigetragen habe. Nach Schniers Meinung verweigert die katholische Kirche mit ihrer allein auf die Gesetze orientierten Haltung eine menschliche und christliche Sichtweise. Sie wird als Institution zur Hüterin »abstrakter Ordnungsprinzipien«, obwohl es darauf ankommt, Menschlichkeit zu beweisen und für wahre christliche Werte, die das Evangelium offenbart, einzutreten. Die Verlogenheit der katholischen Ethik sieht Schnier allzu deutlich an dem Verhalten gegenüber Heinrich Boh-

len, einem ehemaligen Priester, der der Kirche den Rücken kehren mußte und spurlos verschwand, weil er eine Frau liebte und mit ihr zusammenbleiben wollte. Hierdurch offenbart sich die katholische Kirche als eine Institution, die Gewalt gegenüber menschlichen Bindungen ausübt und damit gerade dem zuwiderhandelt, das sie zu schützen hat: den Geist der Liebe. Und mit Hans Schnier setzt Heinrich Böll einen Ungläubigen ins Zentrum seines Romans, der den Repräsentanten der Kirche den Spiegel vorhält, ihnen Heuchelei und Zynismus, Unbarmherzigkeit und Unmenschlichkeit vorwirft. In den Augen Schniers verfügt die katholische Kirche zudem im bundesdeutschen Staat über Macht und Reichtum, was es ihr erleichtert, sich im politischen und wirtschaftlichen System problemlos zu integrieren.

Der Clown durchleuchtet jedoch nicht nur bundesdeutsche Befindlichkeiten, sondern auch die der DDR. Böll läßt eine Szene in Leipzig spielen, wo Schnier bei der Absprache eines Gastauftritts vorschlägt, die gesellschaftlichen Institutionen der DDR zu karikieren, wobei er die Doktrin der Parteilichkeit mißachtet (W 4,238 f.). Schnier hat in einem anderen gesellschaftlichen System auch Unmenschlichkeit und Ordnungsprinzipien entdeckt, die er bloßstellen möchte. Der Roman konnte sicherlich wegen der Leipzig-Episode in der DDR nicht erscheinen.

Ansichten eines Clowns befaßt sich aber nicht allein mit dem hier angesprochenen Themenkomplex, vielmehr steht auch der Künstler zur Diskussion. Das künstlerische Mittel des Erzählers Schnier ist die Übertreibung: Der Clown bedient sich der Karikatur, um gesellschaftliche Phänomene zu durchleuchten, um sie sichtbar zu machen. In seinem Beruf ist Schnier zunächst Meister in der künstlerischen Gestaltung und hat damit beruflichen Erfolg, weshalb es ihm auch leichtfällt, sich dem Anspruch der Gesellschaft zu widersetzen. Seine Auftritte werden in der Presse lobend erwähnt. Aber seitdem ihn Marie verließ, scheint sein Talent ausge-

schöpft zu sein, sein Leben basiert nun nicht mehr auf der Fähigkeit zur Kunst, seine künstlerische und menschliche Existenz ist vielmehr äußerst gefährdet. Schniers künstlerisches Dasein reduziert sich schließlich auf das Spaßmachen. Wie fragwürdig diese Entwicklung Schniers zu beurteilen ist, hebt Bernd Balzer in seiner Interpretation hervor: Er habe mit seinen Faxen die Leute zwar »köstlich amüsiert«, aber er habe nichts verändern können.[22] Im Grunde genommen war er aber von der Qualität seiner Kunst seit langem nicht überzeugt gewesen, seine Auftritte bereiteten ihm Überdruß, seine Kunststücke, die er dem Publikum präsentierte, ödeten ihn als Künstler an, weshalb er sich eingestand: »[...] wenn ich eine Nummer zehn- oder zwanzigmal gezeigt habe, wird mir so langweilig, daß ich mitten im Ablauf Gähnanfälle bekomme, buchstäblich, ich muß meine Mundmuskulatur mit äußerster Anspannung disziplinieren. Ich langweile mich über mich selbst« (W 4,143). Dem Clown scheint es am Ende nicht mehr zu gelingen, das Menschliche auf der Bühne darzustellen, ohne schauderhaften Kitsch hervorzubringen.
Hans Schnier ist einer Situation ausgeliefert, aus der er nur dann herausgelangen könnte, wenn Marie zu ihm zurückkehren würde. Er ist ein Einsamer, ein empfindlicher Individualist, der aber auch verfangen ist in dem inneren Zwang, nicht vergessen zu können, was eine neuartige Einstellung nicht zuläßt. Weil er sich an für ihn fundamentalen Moralvorstellungen orientiert, kann der Clown keine Lebenssicherheit erlangen, weder als Liebhaber noch als Künstler, vielmehr verkommt er am Ende zum Bettler.
Die bisher angesprochenen Themenkomplexe weisen auf einen »Ausverkauf des Menschlichen« hin,[23] den der Clown aufdeckt, aber auch an sich entdeckt. Marie ist in seinen Augen von der »katholischen Luft« um Prälat Sommerwild

22 Bernd Balzer, *Anarchie und Zärtlichkeit*, in: W 1,83; auch: Balzer (Anm. 20), S. 68.
23 Lehnick (Anm. 21), S. 65.

so beeinflußt worden, daß sie sich von ihrem eigentlichen Wunsch, mit Hans zusammenzubleiben und eine Familie zu gründen, entfernt hat. Sie hatte schon seit einiger Zeit versucht, Hans zu einer schriftlichen Einwilligung zu zwingen, ihre Kinder katholisch zu erziehen. Als er jedoch ihrem Verlangen, in seinen Augen eine subtile Form von Erpressung, nachzugeben bereit war, entgegnete Marie: »›Das tust du jetzt nur aus Faulheit, und nicht, weil du von der Berechtigung abstrakter Ordnungsprinzipien überzeugt bist‹« (W 4,121). Marie hatte sich gewandelt und nach Ansicht Schniers ihre Identität verloren, was sich in ihrer Bereitschaft zeigte, einen anderen Mann zu heiraten und damit Ehebruch zu begehen.

Als der Roman *Ansichten eines Clowns* in der Bundesrepublik veröffentlicht wurde, waren bereits im selben Jahr zwei Bücher erschienen, die sich ebenfalls kritisch mit der katholischen Kirche befaßten und gleichermaßen für erhebliches Aufsehen sorgten: Rolf Hochhuth verurteilte in seinem Drama *Der Stellvertreter* den Papst, der zur Vernichtung der Juden im »Dritten Reich« geschwiegen hatte, und Carl Amery prangerte in seinem Essay *Die Kapitulation*, zu dem Böll ein Nachwort verfaßte (II,224–227), den deutschen Katholizismus wegen seiner opportunistischen Haltung in der jüngsten Geschichte an. Gleich nach Erscheinen von Bölls Roman wurde eine Kontroverse ausgelöst, die von unerbittlicher Ablehnung, vorwiegend in katholischen Besprechungen, und vom Boykott katholischer Buchhandlungen bis hin zu uneingeschränkter Einwilligung reichte.[24] Böll war im Jahr 1963, als *Ansichten eines Clowns* erschien, kein unbekannter Dichter mehr, sondern galt vielmehr als einer der erfolgreichsten Gegenwartsautoren, und sein Buch war im selben Jahr noch ein beeindruckender Verkaufs-

---

24 Hierzu Marianne Meid, *Erläuterungen und Dokumente: Heinrich Böll, »Ansichten eines Clowns«*, Stuttgart 1993 (Reclams Universal-Bibliothek, 8192). Meid druckt eine Reihe von Rezensionen ab, die einen anschaulichen Überblick über die Diskussion gewähren (S. 30–46).

erfolg. Seine Ratlosigkeit angesichts der damaligen Reaktionen jedoch formulierte Böll 22 Jahre später folgendermaßen, als er 1985 kurz vor seinem Tod ein Nachwort zu einer Neuauflage verfaßte: »Nachgeborene werden kaum begreifen, wieso ein solch harmloses Buch seinerzeit einen solchen Wirbel hervorrufen konnte. Lernen können sie an diesem Buch, wie rasch in unseren Zeiten ein Roman zum *historischen* Roman wird; lernen auch – und das wäre möglicherweise das einzig ›zeitlose‹ an diesem Roman –, wie *Verbandsdenken* sich anmaßt, im Namen ganzer Bevölkerungsgruppen zu sprechen, zu urteilen. [...] In meinem Buch ist viel versteckt von der Geschichte der Bundesrepublik, die, als ich anfing es zu schreiben, zwölf, als es erschien, vierzehn Jahre alt war, inzwischen sechsunddreißig Jahre alt geworden ist. Einer der Hauptvorwürfe war die Tatsache, daß in diesem Roman ein Paar unverheiratet zusammenlebt. Welcher Jugendliche kann das heute verstehen [...]? Unverheiratet zusammenzuleben ist nicht nur gebräuchlich, es ist akzeptiert, in katholischen Kreisen genauso wie in nichtkirchlichen, und doch ist *Ansichten eines Clowns* ein Eheroman, fast dem Bibelwort entsprechend: Was Gott zusammengeführt hat, soll der Mensch nicht trennen. [...] Einer der kirchlich orientierten Kritiker befürchtete 1963, mein Buch könnte in die Hände von Abiturienten geraten. Nun, was damals befürchtet wurde, ist inzwischen eingetreten, und ich frage mich, ob heute 19- bis 20jährige Abiturienten in die Mentalität der Adenauer-Ära zurückzuversetzen sind, um die Historizität des Romans zu erkennen« (IX,260 ff.).

Was Böll hier vermutet, daß der heutigen Jugend nur schwer die Mentalität einer vergangenen Epoche zu vermitteln sei, ist ein generelles Problem aller hermeneutisch arbeitenden Fächer. Kunst, somit auch Literatur, erweist sich immer als Ausdruck einer bestimmten Zeit, ist aber deshalb für den, der sich darauf einläßt, besonders geeignet, einen Einblick in die Geschichte, einen Einblick in zurückliegende

Denkstrukturen und Geisteshaltungen zu gewinnen. Gerade in diesem Roman geht es um die Mentalitätsgeschichte der jungen Bundesrepublik Deutschland, der Leser erfährt in diesem »Zeitroman« Wesentliches über den Charakter der Epoche, über ihre Eigenart. Böll nahm als Zeitgenosse betroffen Anteil an der Geschichte der Bundesrepublik und verarbeitete seine Betroffenheit literarisch. Die unterbliebene Vergangenheitsbewältigung sowie die Etablierung ehemaliger Nationalsozialisten in der bundesdeutschen Gesellschaft wird von vielen Menschen dieser Jahre als einer der grundlegenden Konflikte angesehen. Später, Ende der sechziger Jahre, griff die Außerparlamentarische Opposition ebendiesen Themenkomplex auf, nachdem sich ihm bereits Autoren der »Gruppe 47« gewidmet hatten.

Jochen Vogt hebt das von Schnier empfundene »Ausweichen vor der Erinnerungs- und Trauerarbeit« als besonderes Merkmal im Verhalten vieler Bundesbürger hervor, weil sich Handlungsträger ohne innere Wandlung nach 1945 ungebrochen in das neue System zu integrieren wußten. Schnier übernimmt, so fährt Vogt fort, in diesem Roman die Trauerarbeit, mahnt »provozierend die Erinnerungslosen an ihre Vergangenheit« und wird deshalb als Querulant stigmatisiert. »Daß er mit seiner Trauer – die die Trauer aller sein müßte – allein bleibt, macht ihn zugleich zum Melancholiker.«[25] Somit leistet Hans Schnier hier stellvertretend für die sich nicht erinnernde Gesellschaft wirkliche Trauerarbeit.

Gruppenbild mit Dame. 1971, acht Jahre nach Veröffentlichung seines Romans *Ansichten eines Clowns*, erschien Bölls umfangreichster Prosatext, der sofort, auch in finanzieller Hinsicht, zu einem beeindruckenden Erfolg wurde. Wahrscheinlich trug vor allem *Gruppenbild mit Dame* mit dazu bei, daß Böll 1972 der Nobelpreis für Literatur verlie-

---
25 Vogt (Anm. 4), S. 88.

hen wurde. Im Mittelpunkt dieses Romans steht, wie auch in *Ansichten eines Clowns*, ein Außenseiter, ein Mensch, der den gesellschaftlichen Normen nicht entspricht, nicht entsprechen will und von anderen als asoziale Figur eingestuft wird. Vor Frankfurter Studenten hatte Böll 1964 in einer Vorlesung sein Bestreben formuliert, in der Literatur das zum Gegenstand zu wählen, »was von der Gesellschaft zum Abfall, als abfällig erklärt wird« (III,67). Dieser Grundsatz seiner *Ästhetik des Humanen* weist auf das Bestreben hin, die Menschlichkeit, Lebensbereiche wie die der Nachbarschaft und des Wohnens in den Mittelpunkt der Literatur zu stellen, weshalb er diesmal die Zwangsräumung eines Hauses zum unmittelbaren Anlaß für das Erzählen wählt. In einem Interview mit Dieter Wellershoff betont der Autor noch einmal sein Anliegen: »Ich habe versucht, das Schicksal einer deutschen Frau von etwa Ende Vierzig zu beschreiben oder zu schreiben, die die ganze Last dieser Geschichte zwischen 1922 und 1970 mit und auf sich genommen hat« (B/W, *Gruppenbild*, 141). Obwohl von der Hauptperson Leni Pfeiffer eine enorme Faszination ausgeht, gehört »sie sozial fast zum Abfall [...] mit ihrer ganzen Clique und den Leuten, die bei ihr wohnen« (B/W, *Gruppenbild*, 148). Damit sind sowohl das Hauptproblem als auch der zeitliche Rahmen grob umrissen.

Der textinterne Erzähler, den Böll als den »Verf.« bezeichnet, steht zunächst außerhalb des Geschehens und versucht von »Auskunftspersonen« »sachliche Informationen« über Lenis Lebensgeschichte zu erhalten. Leni selbst läßt sich jedoch nicht befragen, denn sie »ist schweigsam und verschwiegen« (W 5,13). Das Bild von ihr, das der »Verf.« und somit auch der Leser erhält, wird durch in indirekter Rede wiedergegebene Erinnerungen von Nebenpersonen, die Leni selbst kennen, entworfen; der »Verf.« ergänzt seine Informationen durch Auskünfte von Menschen aus ihrem unmittelbaren Umfeld, die inzwischen aber nicht mehr leben. Ferner wertet der »Verf.« Dokumente aus, um schließlich

Heinrich Böll Mitte der siebziger Jahre

durch ein Verfahren der Aneinanderreihung von Informationsmaterial ein abwechslungsreiches und vielschichtiges Bild der Vorgeschichte aus den Jahren vor dem Zweiten Weltkrieg und der Kriegszeit bis 1945 entstehen zu lassen, während er die unmittelbaren Jahre danach weitgehend ausblendet. Ab dem 9. Kapitel wechselt der »Verf.« ins Gegenwartserzählen über und wendet sich den unmittelbaren Lebensumständen der Hauptperson sowie einiger Nebenpersonen zu, wobei er sich selbst mit in das Geschehen einbezieht. Es entsteht schließlich ein Soziogramm einer heterogen zusammengesetzten Gruppe.

Über die Rolle des Verfassers wurden in der Literaturkritik viele Hypothesen formuliert.[26] In seiner Perspektive bleibt er nur auf seine Figur beschränkt, so daß eigentlich der »Verf.« auch »ich« heißen könnte.[27] Er bemüht sich, objektiv zu recherchieren, sachliche Informationen zu vermitteln und dabei Befragungen und Dokumente auszuwerten, obwohl sein Wissenshorizont beschränkt bleibt. So entsteht zunächst beim Leser der Eindruck, Böll habe ein dokumentarisches Verfahren gewählt, das als literarische Methode in der westdeutschen Literatur der sechziger und beginnenden siebziger Jahre von zahlreichen, in ihrer Wirklichkeitserfahrung unsicher gewordenen Autoren gewählt wurde, um die Realität unmittelbar in die Kunst eintreten zu lassen und sie selbst als Kunst behandelt zu wissen. Das Zitieren von authentischem Material sollte beim Leser bewußtseinsbildend wirken und ihn zu einer kritischen Auseinandersetzung an-

---

26 Victor Lange, »Erzählen als moralisches Geschäft«, in: *Die subversive Madonna* (Anm. 2), S. 100–122; Marcel Reich-Ranickis Rezension »Nachdenken über Leni G.«, in: *Die Zeit* vom 6. August 1971, abgedruckt in: M. R.-R., *Mehr als ein Dichter*, Köln 1986, S. 56–64; Manfred Durzak, *Der deutsche Roman der Gegenwart*, Stuttgart [u. a.], 1973, S. 102 ff.; Werner Rieck, »Heinrich Böll in der Rolle des Rechercheurs«, in: *Wissenschaftliche Zeitschrift der Pädagogischen Hochschule »Karl Liebknecht«* 18 (1974) H. 2, S. 249–255; zusammenfassend bei Ingo Lehnick, *Änderungen der narrativen Strategie bei Heinrich Böll und ihre Hintergründe*, Frankfurt a. M. [u. a.] 1996, S. 78 ff.
27 Lehnick (Anm. 21), S. 81.

regen, was letztlich zu einer »Exekution des Erzählers« führen mußte, wie es Kurt Batt formulierte.²⁸ Aber das Vorgehen des »Verf.« ist nur scheinbar objektiv, denn seinen Dokumentarstil unterbricht er häufig durch ironische und polemische Kommentierungen. Strenggenommen erzählt der »Verf.« nur, weil er von der Heldin fasziniert ist, um letztendlich »die dokumentarische Verkleidung abwerfen zu können – um nach der Exekution des Erzählers seine Auferstehung desto festlicher begehen zu können«²⁹.

Die Sprache des »Verf.« ist mit der des vermuteten Lesers durchaus verwandt, »›gehoben‹, ›gebildet‹, nicht selten gespreizt und von einer gewissen literatenhaften Geschwätzigkeit«³⁰.

Gleich zu Beginn des Romans beschreibt der »Verf.« sachlich genau die Hauptperson als »eine Frau von achtundvierzig Jahren, Deutsche; sie ist 1,71 groß, wiegt 68,8 kg (in Hauskleidung), liegt also nur etwa 300–400 Gramm unter dem Idealgewicht; sie hat zwischen Dunkelblau und Schwarz changierende Augen, leicht ergrautes, sehr dichtes blondes Haar, das lose herabhängt; glatt, helmartig umgibt es ihren Kopf. Die Frau heißt Leni Pfeiffer, ist eine geborene Gruyten« (W 5,11). Weiter teilt der »Verf.« in nüchterner Art mit, daß Leni 1941 nur drei Tage mit einem Berufsoffizier der Wehrmacht verheiratet gewesen ist, weshalb sie auch eine Witwenrente bezieht. Da Lenis finanzielle Lage in der Gegenwart ziemlich schlecht aussieht, bezieht sie außerdem eine Sozialrente, kann aber ihren finanziellen Verpflichtungen kaum nachkommen, was auch daran liegt, daß sie sich mit einer leistungsorientierten Gesellschaft nicht arrangiert. Leni ist nicht gewillt, sich den gesellschaftlichen Normen anzupassen, weshalb sie sich den Anpöbeleien der Mitmenschen ausgesetzt sieht. Ihr werden Beschimpfungen

---

28 Kurt Batt, »Die Exekution des Erzählers«, in: *Sinn und Form* Heft 6, 1972, und Heft 2, 1973; auch in: K. B., *Revolte intern*, Leipzig 1974, S. 191–273.
29 Batt (Anm. 28), S. 265.
30 Lange, »Erzählen als moralisches Geschäft« (Anm. 26), S. 105.

an den Kopf geworfen, »deren Anlaß fast dreißig Jahre zurückliegt: Kommunistenhure, Russenliebchen. [...] Daß ›Schlampe‹ hinter ihr hergemunkelt wird, gehört für sie zum Alltag« (W 5,13). Viele würden Leni am liebsten los sein, was einige auch hinter ihr herrufen, »und es ist nachgewiesen, daß man hin und wieder nach Vergasung verlangt, der Wunsch danach ist verbürgt« (W 5,14). Obwohl Leni auf diese Flegelhaftigkeiten und Demütigungen in der Öffentlichkeit nicht reagiert, ist sie doch psychisch tief verletzt, weshalb sie oft stundenlang weinend in ihrer Wohnung sitzt. Sie lebt immer noch in ihrem Geburtshaus, hat aber mehrere Zimmer kostengünstig auch an ausländische Arbeiter und ihre Familien vermietet, an Personen, auf die die Gesellschaft abfällig heruntershaut. Von einem dieser Mieter, dem türkischen Gastarbeiter Mehmet Sahin, dem »sie Barmherzigkeit erwiesen« hat (W 5,229), erwartet sie ein Kind. Direkt schuld an Lenis derzeitigem Elend sind Verwandte namens Hoyser, die Leni aus ihrem Haus vertreiben, »exmittieren« wollen, da der Wert des zum Spekulationsobjekt gewordenen Gebäudes auf eine halbe Million geschätzt wird. Unterstützung erfährt Leni von einer Gruppe von Sympathisanten unterschiedlicher sozialer Herkunft, die sich zu dem »Helft-Leni-Komitee« zusammenschließen, dem auch der »Verf.« beitritt. Leni kann am Schluß, zumindest vorläufig, in ihrem Haus wohnen bleiben, denn Müllarbeiter führen ein wirksames Verkehrschaos herbei, das die angesetzte Wohnungsräumung verhindert. Böll sieht in diesem Müllspektakel eine »Utopie des Widerstandes«, den er als praktikablen Vorschlag für politisches Handeln bewertet (B/W, *Gruppenbild*, 149).

Die Gegenwartshandlung wird zum einen durch einige Personen bestimmt, die durch ihre Inhumanität auffallen. Stellvertretend hierfür stehen der alte Hoyser und dessen skrupellose, auf Leistung hin orientierten Söhne, die Leni Pfeiffer aus Profitgier und kleinbürgerlichen Ansichten heraus schädigen wollen, was in der Vertreibung der Hauptperson aus ihrem Haus kulminiert. Ihnen stehen Leni Pfeiffer und eine heterogen zusammengesetzte Gruppe von Menschen gegenüber, die aus der Einsicht in die Notwendigkeit gemeinsamen Handelns ein Zusammengehörigkeitsgefühl entwickelt haben und sich im Hilfskomitee zusammenfinden. Zu dieser Gruppe gehören zum Teil Menschen, die von der Gesellschaft schlecht, aber vom Autor gut behandelt werden,[31] wie Lenis Sohn Lev, der den Beruf des Müllarbeiters ausübt, seine ausländischen Arbeitskollegen sowie der ehemalige sowjetische Soldat Bogakov, der in Deutschland hängengeblieben ist. Mitglieder des Helft-Leni-Komitees sind aber auch Personen, die nicht als Deklassierte anzusehen sind, wie die Blumenladenbesitzerin Frau Hölthohne und der Einzelgänger Pelzer.

Was hat zu dem Zusammenhalt dieser Gruppe beigetragen? Der Titel des Romans deutet an, daß Leni Pfeiffer, die die Komiteemitglieder mit ihrem Charisma fesselt, eine Bindegliedfunktion ausübt. Um den tieferen Grund für die von ihr ausgehende Faszination zu erfahren, muß zunächst einmal das vom »Verf.« zusammengestellte biographische Informationsmaterial aus den Jahren vor und während des Zweiten Weltkrieges herangezogen werden. Anschließend ist auf die aktuellen Bezüge des Jahres 1970 einzugehen. Der »Verf.«, der auf die Ereignisse seiner Nachforschungen zurückblickt, gewinnt durch seine gründliche Recherche ein genaues Bild von der Persönlichkeit der Hauptperson. So erfahren wir etwas über Lenis schulischen Werdegang, der wegen nicht überzeugender Leistungen ein frühes Ende fand. Der »Verf.« stellt fest, daß Leni durchaus »bildungsfähig bzw. bildungshungrig« gewesen ist, nur die »ihr gebotenen Speisen und Getränke entsprachen nicht ihrer Intelligenz, nicht ihrer Veranlagung, nicht ihrer Auffassungsgabe« (W 5,30). Als Grund für das schulische Ver-

---

31 Hierzu Bernd Balzer, »Einigkeit der Einzelgänger«, in: *Die subversive Madonna* (Anm. 2), S. 17; Balzer listet die Gruppenmitglieder des Helft-Leni-Komitees auf und charakterisiert die einzelnen Personen (S. 16 ff.).

sagen – »sie war innerhalb von zwei Jahren einmal saftig sitzengeblieben, einmal versetzt worden, weil ihre Eltern das feierliche Versprechen abgaben, von dieser Versetzung nie Gebrauch zu machen« (W 5,30) – nennt der »Verf.« das Fehlen der »sinnlichen Dimension« im dargebotenen Lehrstoff und bringt hiermit die für die weitere Entwicklung Lenis wichtige Dimension der Sinnlichkeit ins Spiel: Leni ist »ein verkanntes Genie der Sinnlichkeit« (W 5,35). Zum Bereich dieser Sinnlichkeit gehören sowohl Lenis Eß-, Trink- und Rauchgewohnheiten, ihre religiöse Begabung, die von vielen, besonders von ihren Lehrern, verkannt wurde, sowie ihre Erotik. Ein frühes Anzeichen für Lenis außergewöhnliches sexuelles Empfinden zeigte sich 1938, als die Sechzehnjährige an einem Juniabend mit dem Fahrrad unterwegs war, sich im Heidekraut ausstreckte und sich mit einem Blick in den »eben erglühenden Sternenhimmel« hingab. Sie hatte »ganz und gar den Eindruck, ›genommen‹ zu werden und auch ›gegeben‹ zu haben und [...] sie wäre nicht im geringsten erstaunt gewesen, wenn sie schwanger geworden wäre« (W 5,31 f.). Dieses Heidekraut-Erlebnis, das der »Verf.« mit dem Hinweis »So ist ihr denn auch die Jungfrauengeburt keineswegs unbegreiflich« (W 5,32) in den biblischen Bereich rückt, verweist auf eine andere Begebenheit, die sich wenige Jahre danach, nachdem sie bereits Witwe geworden war, Ende 1943 / Anfang 1944 ereignete und die vom »Verf.« »als Lenis Geburt oder Wiedergeburt« (W 5,183) bezeichnet wird. Leni arbeitete in einer Kranzbinderei, der auch der dreiundzwanzigjährige Sowjetrusse Boris als Zwangsarbeiter zugeteilt war, und reichte diesem eine Tasse Kaffee, ohne zu ahnen, »wie politisch das war« (W 5,179): einem Russen, der der nationalsozialistischen Ideologie zufolge zu der Kategorie Untermensch gehörte, eine Tasse Kaffee zu bringen war ein eminent politischer Akt, konnte als Widerstand angesehen und mit KZ-Haft bzw. mit dem Tod bestraft werden. In den Augen eines Zeugen, des Invaliden und Nazis Kremp, war diese Geste

Lenis nicht zu dulden. Kremp schlug dem völlig verwirrten Boris mit seiner Beinprothese die Tasse aus der Hand, woraufhin Leni die auf Torfreste gefallene Tasse aufhob und sie am Wasserhahn sorgfältig ausspülte. Pelzer, in dessen Friedhofsgärtnerei sich diese Schlüsselszene ereignete, schilderte dem »Verf.« dieses Ereignis genau und beschrieb den vorgenommenen Spülvorgang folgendermaßen: »[...] es war schon provozierend, wie sorgfältig sie das tat [...]. Sie spülte sie, als wärs ein heiliger Kelch [...], trocknete die Tasse auch noch sorgfältig mit einem Taschentuch ab, ging zu ihrer Kaffeekanne, schüttete die zweite Tasse, die drin war [...] ein und bringt sie seelenruhig dem Russen, ohne den Kremp auch nur anzusehen. Nicht stumm tat sies. Nein, sagte auch noch: ›Bitte sehr‹« (W 5,180). Boris nahm den Kaffee und bedankte sich »in einem makellosen: ›Danke, mein Fräulein‹ – und fängt an, ihn zu trinken« (W 5,181). Dieses Anbieten des Kaffees und der Vergleich der Tasse mit einem heiligen Kelch besitzen sakrale Züge, die sich leitmotivisch weiter verfolgen lassen. Leni hatte dem Russen nicht nur den Kaffee eingeschenkt, sondern ihm die Tasse »regelrecht dargebracht«, sie hatte ihm, einem »Untermenschen«, auf diese Weise eine Demütigung erspart und »einem Beinamputierten eine bereitet« (W 5,185) und hierdurch den »Untermenschen« zum »Menschen gemacht, zum Menschen erklärt« (W 5,183). Leni handelte aber nicht wie eine Provokateurin oder planende Widerstandskämpferin, sie überlegte sich ihre Handlungsweise nicht, sondern operierte spontan, was der »Verf.« mit den Worten kommentiert: Sie »wußte immer erst, was sie tat, wenn sie es tat« (W 5,185). Diese »Stunde der Tasse Kaffee« stuft der »Verf.« als Lenis wichtige Entscheidungsschlacht ein und überprüft die Aussage seines Zeugen durch das Einholen weiterer Informationen.

Lenis Sinnlichkeit zeigte sich auch in dem zweiten wichtigen Ereignis, das als »Handauflegung« bezeichnet werden kann und bei Boris sinnliche Gefühle auslöste: »[...] da hat

sie einfach ihre linke Hand auf seine rechte gelegt, und es ging durch ihn, obwohls nur ganz kurz dauerte, es ging durch ihn wien elektrischer Schlag. Der fuhr regelrecht in die Höhe wie bei ner Himmelfahrt« (W 5,186). Während feindlicher Bombenangriffe, die immer häufiger wurden, ergab sich für das Liebespaar wiederholt die Gelegenheit, in »Kapellen von Familiengruften« (W 5,229) allein zusammenzusein. Kurz vor Kriegsende gebar Leni während eines schweren Bombenangriffs ihr Kind Lev, und die drei lebten ein halbes Jahr wie die heilige Familie zusammen. Böll kommentiert diese Passage mit dem Hinweis, daß unter der Erde, in der Katakombe, sich etwas Neues formiert habe, während die Gesellschaft über der Erde zerstört wurde (B/W, *Gruppenbild*, 14). Die mit der Darbietung des Kaffees eingeleitete Entwicklung mündete in diese »Katakombengemeinschaft«.
Über das weitere Schicksal Lenis und ihres Sohnes nach der Geburt bis ins Erwachsenenalter – Boris stirbt nach 1945 – wird fast nichts berichtet, weshalb Lehnick hierin eine Parallele zur Jesus-Geschichte sieht.[32] Leni ist offenbar zu Höherem berufen, denn die »Auskunftspersonen«, aber auch der »Verf.« rücken die Hauptgestalt in eine fast göttliche Dimension. Dennoch bleibt diese Frau ein reales Wesen, das unter schwierigsten Bedingungen für Boris und ihre Familie sorgt. Aber hierüber hinaus geht von Lenis »religiöser Begabung« eine Kraft aus, die unbewußter Art ist und in ihrem persönlichen Umfeld zur Veränderung hinführt. Diese, sich in ihrer Menschlichkeit äußernde Kraft setzt sie nicht bewußt ein, sondern sie entsteht situationsbedingt und intuitiv. Daß Leni in einer Position gesehen wird, die an die Mutter Gottes erinnert, findet ihre Entsprechung in ihrer Gabe, die Erscheinung Marias in der Gegenwart zu sehen, denn mit der Jungfrau Maria steht sie »auf vertrautem Fuß, empfängt sie auf dem Fernsehschirm fast täglich [...]; diese

---

32 Lehnick (Anm. 21), S. 92.

Begegnungen finden unter Stillschweigen statt, meistens spät, wenn alle Nachbarn schlafen und die üblichen Fernsehprogramme [...] ihr Sendeschlußzeichen gesetzt haben. Leni und die Jungfrau Maria lächeln sich einfach an« (W 5,22).
In der Vorgeschichte geht der »Verf.« auf eine andere Person ein, die als Präfiguration von Leni und in enger Beziehung zur Jungfrau Maria gesehen werden kann,[33] auf eine Nonne namens Rahel, die als Jüdin in einem Kloster Unterschlupf fand, aber mit niedrigsten Arbeiten betraut und unmenschlich behandelt wurde. Rahel, die sich für Mystik und menschlichen Kot interessiert, wird zu Lenis »Lehrerin«. Als sie schließlich starb, »verscharrte« man sie im Garten, aber aus ihrem Grab wuchsen auf unerklärliche Weise Rosen, und das im Dezember. Die Nonne hätte seliggesprochen werden müssen, aber der Orden versuchte das Rosenwunder geheimzuhalten und glaubte, es durch eine mehrfache Exhumierung verhindern zu können, was aber nicht gelang. Dieses Rosenwunder ereignete sich zum ersten Mal im Dezember 1943, zu der Zeit, als Leni Boris die Tasse Kaffee reichte. Die Beziehung zwischen Leni und Rahel wird auch im zweiten Teil des Romans, der die Gegenwartshandlung umfaßt, aufrechterhalten. Leni arbeitet an einem besonderen Gemälde, sie zeichnet die Zäpfchen der Netzhaut eines Auges und nennt dieses Gemälde »Teil der Netzhaut am linken Auge der Jungfrau Maria genannt Rahel« (W 5,48).
In der Gegenwartshandlung läßt Lenis Anziehungskraft auf andere Menschen nicht nach, ihre Faszination bleibt wirksam. Da sie zum Abfall der Gesellschaft zu gehören scheint, wirkt sie auf die Menschen anziehend, die zum Teil auch zu diesem Abfall gehören. Leni ist nicht in der Lage, sich den bürgerlichen Normen anzupassen, und gerät in finanzielle Schwierigkeiten, die ihre »Exmittierung«, nachdem sie ihr Haus leichtfertig weggegeben hat, herbeiführen. Daß diese

---

33 Bernáth (Anm. 2), S. 34–57.

schließlich scheitert, verdankt sie dem Helft-Leni-Komitee, Menschen, die ähnlich wie Leni von einer Einstellung geprägt sind, die Leni seit ihrer »Wiedergeburt« vertreten hat. Leni ist es, ohne daß sie es bewußt beabsichtigt hätte, gelungen, den »Verf.« an sich zu binden. Auf überzeugende Weise zeigt sich die von ihr ausgehende Kraft bei einer anderen Person, bei Pelzer, der einem enormen Wandlungsprozeß ausgesetzt ist. Pelzer war in der Vorgeschichte ein Nutznießer des Krieges: Im Ersten Weltkrieg brach er eigenhändig Gefallenen die Goldzähne heraus, wurde dann Mitglied der KPD, schließlich der NSDAP, leitete im Zweiten Weltkrieg einen kriegswichtigen Betrieb und schöpfte dann nach 1945 aus diesem Krieg wiederum skrupellos Gewinn, indem er ein Vermögen aus der Demontage von Stahlträgern zerbombter Häuser und aus Spekulationsgeschäften herausschlug. Aber er verliebt sich in Leni, fühlt sich von der von ihr ausgehenden humanen Kraft angesprochen und findet zur Menschlichkeit.

Die Kraft, die von Leni ausgeht, ist für den »Verf.« nicht objektiv beschreibbar, aber subjektiv erfahrbar.[34] Lenis geheimnisvolles Charisma zeigt sich in der existentiellen Veränderung von Menschen, im »Gruppenbild«. Walter Falk weist auf einen weiteren bedeutungsvollen Sachverhalt hin. Böll habe seinen Roman *Gruppenbild mit Dame* zu einer Zeit niedergeschrieben, als er die antiautoritäre Bewegung miterlebte. Wie die Anhänger dieser Bewegung glauben auch Leni und die Mitglieder des Komitees nicht an die Verbindlichkeit gesellschaftlicher Normen. »Aber die Losung ›Helft Leni‹ besagt etwas sehr viel anderes als die Parole ›Macht kaputt, was euch kaputt macht‹, nämlich: helft dem Menschen, der Menschen hilft. Obschon Böll mit dem Leni-Roman eine ›Fortschreibung‹ seiner persönlichen Problematik vollzog, mag er ihn den Antiautoritären zugedacht haben zur Überprüfung ihrer Position. Die von ihm jetzt vertretene These war eindeutig: eine Kollektivbewegung

---

34 Lehnick (Anm. 21), S. 100.

war dann, und nur dann, vertrauenswürdig, wenn sie der Menschenwürde diente.«[35]
Obwohl Marcel Reich-Ranicki den Roman aus stilistischen Gründen und wegen der Konzeption stark kritisierte,[36] wurde er in der Öffentlichkeit vorwiegend positiv aufgenommen. So lobte ihn Helmut Heißenbüttel kurz nach Erscheinen als ein »Meisterwerk«[37], da Böll »den beispielhaften sozialen und politischen Roman dieser Epoche« aus seinem Material heraus entwickelt habe,[38] und Jochen Vogt zählt *Gruppenbild mit Dame*, nicht zuletzt wegen Bölls Erzählweise, zu einem der bedeutenden, großen Romane.[39] 1976/77 verfilmte Aleksandar Petrovics *Gruppenbild mit Dame* und wählte Romy Schneider als Hauptdarstellerin aus.

Die verlorene Ehre der Katharina Blum oder: Wie Gewalt entstehen und wohin sie führen kann. Böll hat sich nicht erst, seit er 1970 Präsident des nationalen und ein Jahr darauf des internationalen PEN wurde, in allgemeine politische und moralische Angelegenheiten eingemischt. Nun aber kümmerte er sich besonders aktiv um die Umsetzung der Forderungen der PEN-Charta und versuchte, überall in der Welt verfolgten Autoren zu helfen. Durch die Schlagzeile der *Bild-Zeitung* »Baader-Meinhof-Bande mordet weiter« vom 23. Dezember 1971 sah er schließlich Veranlassung, sich auch besonders in innenpolitische Angelegenheiten der Bundesrepublik Deutschland einzumischen, da *Bild* Schuldzuweisungen vornahm und einen bis dahin ungeklärten Bankraub der Baader-Meinhof-Gruppe zuschrieb, ohne dafür Anhaltspunkte bzw. Beweise zu haben. Böll setzte

---

35 Falk (Anm.1), S.142.
36 Reich-Ranicki (Anm.26).
37 Helmut Heißenbüttel, »Wie man dokumentarisch erzählen kann«, in: *Merkur, Deutsche Zeitschrift für europäisches Denken*, 1971, S.911.
38 Heißenbüttel (Anm.37), S.911.
39 Vogt (Anm.25), S.119.

sich kurz darauf in dem *Spiegel*-Artikel *Will Ulrike Meinhof Gnade oder freies Geleit?* am 10. Januar 1972 (IV,222 bis 229) mit der Methode der Berichterstattung in der Springerpresse auseinander, die er als »nackten Faschismus«, als »Verhetzung, Lüge, Dreck« (IV,225) bezeichnete; er ging allerdings in seinem Artikel auch auf die Hintergründe ein, die sich seiner Meinung nach hinter der Erscheinung des Terrorismus verbargen: Böll sprach den Polizeibehörden und der Justiz bei der Gewaltausübung eine Mitschuld zu und forderte den Rechtsstaat auf, Ulrike Meinhof einen fairen Prozeß zu ermöglichen und Axel Springer öffentlich in einem Prozeß wegen Volksverhetzung anzuklagen (IV,228). Dieser Artikel trug keineswegs zur Entspannung bei, sondern rief monatelang unerwartete und heftige Reaktionen in Form von Zeitungsartikeln, Interviews, Leserbriefen, aber auch von Drohbriefen, anonymen Anrufen und öffentlicher Diffamierung hervor.[40] Die Springerpresse polemisierte schließlich 1972 gegen die Verleihung des Nobelpreises an Böll.

In diesem Zusammenhang ist auch der Fall Peter Brückner zu sehen. Brückner, Psychologieprofessor an der TH Hannover, hatte am 20. Januar 1972 Mitgliedern der Baader-Meinhof-Gruppe Unterschlupf gewährt, war daraufhin vom Dienst suspendiert worden und sah sich besonders seitens der Presse heftigsten Angriffen und Verleumdungen ausgesetzt.[41]

Die Gewaltdiskussion griff der Nobelpreisträger zunächst in politischen Reden (IV,285–288) auf und verarbeitete dann 1974 das Thema literarisch in der Erzählung *Die verlorene Ehre der Katharina Blum*. Böll wehrte sich dagegen,

---

40 Hierzu die Dokumentation: *Heinrich Böll: Freies Geleit für Ulrike Meinhof. Ein Artikel und seine Folgen*, zusammengest. von Frank Grützbach, Köln 1972.

41 Hierzu Hanno Beth, »Rufmord und Mord: die publizistische Dimension der Gewalt«, in: H. B. (Hrsg.), *Heinrich Böll. Eine Einführung in das Gesamtwerk*, Königstein i. Ts. 1980, S. 71 f.

Mitbürger!
Lesen macht dumm und gewalttätig

Der Beauftragte für den Gemeinschaftsfrieden

Aus Sorge um die Freiheitlich Demokratische Grundordnung wurde ein Gesetz zum Schutz des Gemeinschaftsfriedens vorgelegt (Bundestagsdrucksache Nr. 7/3030, 2772, 2854), das der kritischen Literatur endlich ein Ende bereiten soll (§130a StGB). Der CDU-Fraktionsvorsitzende Carstens hat vielen Abgeordneten aus der Seele gesprochen, als er am 12. 12. 74 in Duisburg verkündete: »Ich fordere die ganze Bevölkerung auf, sich von der Terrortätigkeit zu distanzieren, insbesondere auch den Dichter Heinrich Böll, der noch vor wenigen Monaten unter dem Pseudonym Katharina Blüm ein Buch geschrieben hat, das eine Rechtfertigung von Gewalt darstellt.«

Karikatur von Klaus Staeck zu den Vorgängen um
»Die verlorene Ehre der Katharina Blum« (1975)

diese Erzählung, deren »autobiographischer Zug« und »biographischer Einstieg«[42] unabweisbar sind, direkt aus dem Anliegen des *Spiegel*-Artikels vom Januar 1972 abzuleiten. Bölls Kritik richtete sich nicht nur gegen die *Bild*-Zeitung, sondern ebenso, wie Marcel Reich-Ranicki in einer Rezension betonte, »gegen die Gesellschaft, die ein Phänomen wie die ›Bild‹-Zeitung duldet, ermöglicht und offenbar benötigt«[43].

Die verlorene Ehre der Katharina Blum erschien im Sommer 1974 in vier Folgen als Vorabdruck im *Spiegel*, der hiermit erstmals seinen Lesern eine Dichtung als Erstveröffentlichung anbot. Durch diese Veröffentlichung im *Spiegel* und bald auch als Buch war *Katharina Blum* ein spektakulärer Erfolg: In Deutschland wurde eine so hohe Auflage erreicht, daß die Zeitungen der Springerpresse für diese Zeit des Verkaufserfolgs auf die Veröffentlichung von Bestsellerlisten verzichteten;[44] außerdem folgten Übersetzungen in mehrere Sprachen. Wie kaum eine andere Böll-Dichtung hielt zudem *Katharina Blum* Einzug in den Schulunterricht und wurde didaktisch aufgearbeitet. 1975 verfilmte Volker Schlöndorff diese Erzählung.

Die Titelfigur Katharina Blum, eine bis dahin unbescholtene, redliche und integre junge Frau im Alter von 27 Jahren, gerät unter den Druck polizeilicher Verfolgung und wird Opfer einer journalistischen Hetze und Diffamierung. Durch die Ehrverletzung selbst aggressiv, gewalttätig geworden, greift Katharina Blum schließlich zur Pistole und erschießt den skrupellosen Boulevard-Journalisten Tötges. Diesen Mord gesteht sie gleich zu Beginn der Erzählung scheinbar kühl und gleichgültig der Polizei. Böll wählt als auktorialen Erzähler einen fiktiven Berichterstatter, der objektiv über die Geschichte des vier Tage dauernden Krimi-

---

42 Heinrich Böll / Christian Linder, *Drei Tage im März*, Köln 1975, S. 69.
43 Marcel Reich-Ranicki, »Der deutschen Gegenwart mitten ins Herz«, in: M. R.-R. (Anm. 26), S. 76.
44 Klaus Schröter, *Heinrich Böll*, Reinbek 1993, S. 108.

nalfalls berichtet und retrospektiv über dessen Hintergründe sowie über die Beweggründe der Tat in zum Teil satirischem Ton informiert. Über Katharina Blum erfährt der Leser, daß sie nach ihrer schwierigen Kindheit und ihrer Scheidung eine berufliche Karriere als Wirtschafterin beginnen konnte, daß sie aber auch Zurückhaltung gegenüber dem anderen Geschlecht übte, also eine Lebensweise einhielt, die ihr den Spitznamen »Nonne« einbrachte. Katharina sah sich zu diesem nonnenhaften Gebaren veranlaßt, da häufig Männer zudringlich wurden, seitdem sie den Beruf der Kellnerin und Haushälterin besonders bei gesellschaftlichen Anlässen in gehobenen Kreisen ausübte. Am 20. Februar 1974, am Vorabend von Weiberfastnacht, lernt Katharina auf einer privaten Feier den etwa gleich alten Ludwig Götten kennen, mit dem sie – für viele unerwartet – innig tanzt und dann in ihrer Wohnung verschwindet. Götten wird als Bundeswehrdeserteur wegen Bankraub, aber auch wegen Mord und der vermeintlichen Zugehörigkeit zu einer militanten Gruppe von der Polizei beschattet. Beamte umstellen in der Nacht das Haus, in dem sich Katharinas Appartement befindet, aber die verliebte junge Frau verhilft »ihrem Ludwig« zur Flucht, ohne zu wissen, daß Götten unter Terrorismusverdacht steht. Sie gibt ihm einen Schlüssel zu der Zweitvilla eines ihr vergeblich nachstellenden Verehrers, wo Götten aber später verhaftet wird. Katharina Blum wird von Polizeibeamten, die gewaltsam in ihre Wohnung eindringen, verhört, wobei sie ihre persönlichen biographischen Daten mitteilt, allerdings nichts über den Aufenthaltsort ihres Geliebten verrät. Schon kurz nach ihrer Verhaftung wird Dr. Blorna, ein international erfolgreicher Industrieanwalt und Arbeitgeber Katharinas, im Urlaubsort von einem Reporter der ZEITUNG, über seine Haushälterin befragt. Da das Boulevard-Blatt seine Aussagen entstellt wiedergibt, führen sie zur Belastung der Protagonistin, die sich am folgenden Tag in der ZEITUNG als »Räuberliebchen« und dann als »Mörderbraut« diffamiert sieht. Katharina Blum beschwert sich bei ihrer zweiten Vernehmung beim Staatsanwalt über die Art, wie in der Presse über sie berichtet wird, und über die damit verbundene Erniedrigung, wird aber mit dem Hinweis auf die Pressefreiheit und der Bemerkung abgewiesen, ihr Fall liege im öffentlichen Interesse. Auch geht die Staatsanwaltschaft auf Katharinas Verdacht, die Polizei gebe Ergebnisse der Verhöre an die Presse weiter, nicht ein, weshalb die Verleumdungen und Ehrverletzungen am darauffolgenden Tag in der ZEITUNG fortgeführt werden können. Der Sensationsreporter Tötges schreckt sogar nicht einmal davor zurück, in ein Krankenhaus einzudringen, um die schwererkrankte Mutter von Katharina zu befragen und dabei die Tochter derart zu verleumden, daß die alte Frau stirbt. Neben der Kränkung in der ZEITUNG und in der SONNTAGSZEITUNG wird Katharina auch in anonymen Telefonanrufen und anzüglichen Briefen widerlich beschimpft und sexuell belästigt. Sie ist diesen Machenschaften psychisch nicht mehr gewachsen, weshalb sie Tötges zu einem Exklusivinterview in ihre Wohnung einlädt und, als dieser das Gespräch mit den Worten eröffnet »»Was guckst du mich denn so entgeistert an, mein Blümchen – ich schlage vor, daß wir jetzt erst einmal bumsen««, mit mehreren Schüssen niederstreckt. Katharina stellt sich Stunden später, ohne Reue zu empfinden, der Polizei. Dr. Blorna übernimmt ihre Verteidigung, verliert deshalb aber seine lukrativen Aufträge aus der Industrie und gerät in existentielle Nöte.

Böll selbst hat in einem Interview sein Buch ein »Pamphlet in Form einer Reportage«, ein »plakatives Werk«, eine »Streitschrift« genannt.[45] Gleich im 1. Kapitel verweist der Erzähler in wissenschaftlicher Manier auf die ihm zur Verfügung stehenden Quellen, unterbreitet dann Tatsachen, legt offizielle Protokolle vor und zitiert aus Zeitungsartikeln, um so den Eindruck eines objektiven Berichterstatters

---

45 Manfred Durzak, *Gespräche über den Roman*, Frankfurt a. M. 1976, S.150.

zu erwecken. Er grenzt sich damit sehr von der Arbeit des Reporters der ZEITUNG ab, so daß andererseits dessen Macht deutlich wird. Die Methode der Sensationspresse besteht darin, Aussagen, die Polizeiberichten entnommen werden, in ihr Gegenteil zu verkehren, sie aber gleichwohl als wörtliche Zitate zu kennzeichnen, falsche Tatsachen vorzuspiegeln und alle Informationen zu unterdrücken, die die Hauptbetroffene des Falls, Katharina Blum, in ein anderes Licht rücken, als es der ZEITUNG bzw. der SONNTAGSZEITUNG genehm ist. Ein Beispiel bietet die Aussage des Ehepaars Hiepertz, bei dem Katharina Blum angestellt war. In der ZEITUNG findet sich unter der Überschrift »Rentnerehepaar ist entsetzt, aber nicht überrascht« folgende Darstellung: »Der pensionierte Studiendirektor Dr. Hiepertz und Frau Erna Hiepertz zeigten sich entsetzt über die Aktivitäten der Blum, aber nicht ›sonderlich überrascht‹. In Lemgo, wo eine Mitarbeiterin der ZEITUNG das Ehepaar bei seiner verheirateten Tochter, die dort ein Sanatorium leitet, aufsuchte, äußerte der Altphilologe und Historiker Hiepertz, bei dem die Blum seit 3 Jahren arbeitet: ›Eine in jeder Beziehung radikale Person, die uns geschickt getäuscht hat‹« (W 5,408). Nach einer Recherche durch den Anwalt Katharinas, Dr. Blorna, stellt sich heraus, daß Dr. Hiepertz der Reporterin folgendes gesagt hat: »»Wenn Katharina radikal ist, dann ist sie radikal hilfsbereit, planvoll und intelligent – ich müßte mich schon sehr in ihr getäuscht haben, und ich habe eine vierzigjährige Erfahrung als Pädagoge hinter mir und habe mich selten getäuscht«« (W 5,408). Daß der hauptverantwortliche Reporter, Tötges, mit einem Verkleidungstrick selbst nicht davor zurückschreckt, zur frisch operierten Mutter Katharinas vorzudringen und sie einem psychischen Schock auszusetzen, muß als skrupellos herbeigeführte fahrlässige Tötung bezeichnet werden.[46] Dieses Vorgehen der ZEITUNG, die ver-

---

46 Bernhard Sowinski, *Die verlorene Ehre der Katharina Blum*, München 1994, S. 57.

kürzten und verfälschten Aussagen erwecken ebenso das Interesse der Leserschaft wie ihr Sprachstil und ihre Aufmachung, die der *Bild*-Zeitung sehr ähneln. Böll weist in dem Vorspann zu seiner Erzählung auf folgendes hin: »Personen und Handlung dieser Erzählung sind frei erfunden. Sollten sich bei der Schilderung gewisser journalistischer Praktiken Ähnlichkeiten mit den Praktiken der ›Bild‹-Zeitung ergeben haben, so sind diese Ähnlichkeiten weder beabsichtigt noch zufällig, sondern unvermeidlich« (W 5,385).

Der Autor wollte mit dieser Erzählung die Macht der Boulevard-Presse verdeutlichen, die »Strukturen publizistischer Gewalt« klar darlegen und zur Diskussion stellen.[47] Dabei erhebt er die enge Zusammenarbeit der Polizeibehörde mit der Presse zum Nebenthema, denn interne Informationen aus den Aussagen Katharina Blums erscheinen verfälscht und verdreht am folgenden Tag in der ZEITUNG. Als sich die Betroffene wegen der Ehrverletzung beschwert, erhält sie nicht nur den Hinweis auf die Pressefreiheit und das öffentliche Interesse an ihrem Fall, sondern es wird ihr auch bedeutet, andere Zeitungen würden sachlicher berichten und ihre Anonymität wahren. Katharina kann dieses nicht trösten, denn sie entgegnet: »Wer liest das schon? Alle Leute, die ich kenne, lesen die ZEITUNG!« (W 5,422).

Der Sprache der ZEITUNG, der brutalisierten Alltagssprache (»ficken«, »bumsen«, »Sexklemmer«) tritt eine andere Sprache gegenüber, in der fast schon verlernte Begriffe wie »gütig«, »innig«, »Zärtlichkeit« ihre Berechtigung finden. Mit sprachlichen Mitteln leistet Katharina Blum zunächst gegen ihre Ehrverletzung Widerstand und verteidigt ihren Intimbereich.[48] Auf die Frage des Kommissars Beizmenne, »Hat er [Götten] dich denn gefickt«, soll Katharina »sowohl rot geworden sein wie in stolzem Triumph gesagt haben [...]: ›Nein, ich würde es nicht so nennen‹« (W 5,393).

47 Beth (Anm. 41), S. 88.
48 Dorothee Sölle, »H. Böll und die Eskalation der Gewalt«, in: *Merkur*, 1974, S. 885.

An der Reaktion auf die Wortwahl der Polizisten zeigt sich die Empfindsamkeit Katharinas, aber auch ihre Selbstachtung; die sprachlichen Brutalitäten der Polizei werden von ihr »jedenfalls empfindlicher registriert als die physischen«[49]. Bei der Unterzeichnung eines Protokolls besteht Katharina auf der strikten Unterscheidung der Worte »Zärtlichkeit« und »Zudringlichkeit«, und sie kritisiert damit die Macht, die von der vulgären Alltagssprache ausgeht. »Der pedantisch scheinende Kampf ums angemessene Wort ist ein Kampf um Identität und Integrität«, hebt Vogt in einer Sprachanalyse hervor.[50] Aber die sensible Hauptperson vermag es nicht, ihren Ehrverlust verbal rückgängig zu machen, weshalb sie letztendlich selbst aggressiv und gewalttätig wird. Ihr Schuß auf den Reporter ist allerdings nicht identisch mit der Gewalt, die Böll im Untertitel seiner Erzählung anspricht, der Schuß ist nur die Folge von Gewalt, die die Protagonistin erfahren hat.[51]

Katharina Blum, deren Vorname sich aus dem Griechischen von katharos »rein« ableitet und deren Nachname das Wort »Blume« assoziiert, wird von Böll als »lädierter Engel«[52] bezeichnet. Diese Frau unterscheidet sich von anderen Hauptpersonen aus dem Werk Bölls dadurch, daß sie als beruflich erfolgreiche und gutsituierte Hausdame nicht der Kategorie »Abfall« zuzuordnen ist. Sie verinnerlicht Werte und Tugenden, die scheinbar schon verlorengegangen sind, weshalb sie auch ihre außergewöhnliche »Reinheit« verdächtig macht. Ihre Liebe zu Götten ist bedingungslos, weshalb auch sie von ihm geliebt werden will. In fast heilsgeschichtlichem Sinn gesteht Katharina: »»Mein Gott, er war es eben, der da kommen soll, und ich hätte ihn geheiratet und Kinder mit ihm gehabt – und wenn ich hätte warten

---

49 Balzer (Anm. 22), S. 122.
50 Vogt (Anm. 4), S. 129.
51 Hierzu Bernd Balzer, *Heinrich Böll. Die verlorene Ehre der Katharina Blum*, Frankfurt a. M. 1990, S. 47.
52 Böll/Lindner (Anm. 42), S. 64.

müssen, jahrelang, bis er aus dem Kittchen wieder raus war‹« (W 5,420). Die Liebesverwicklung wird zum zentralen Inhalt ihres Lebens, durch den sich auch ihre Existenz grundlegend ändert. Dennoch durchläuft Katharina keinen psychischen Entwicklungsprozeß, sie bleibt ihrer Einstellung treu, obwohl sie den Ehrverlust erleiden muß. Daher ergibt sich für Katharina notgedrungen die Notwendigkeit zum Handeln, das in eine politische Dimension rückt. Die Liebesproblematik beurteilt Dorothee Römhild folgendermaßen: »Die Liebe erscheint, nicht zuletzt wegen ihrer humanitätsstiftenden Wirkung auf die Frau, als eine realitätsferne Idylle. In der Folge übt sich die leistungsmotivierte ›Aufsteigerin‹ in Selbstbescheidung und ist damit eindeutig dem ›positiven‹ Personenkreis bei Böll zuzuordnen. [...] Infolge der märtyrerhaften Darstellung der Protagonistin [...] gerät auch die in Ansätzen zeitspezifische Erzählung zu einer ›Heiligenlegende‹.«[53]

Der Berichterstatter stellt die Lebensgeschichte dieser »reinen« Hauptperson durchaus überzeugend dar, dennoch spricht Rolf Michaelis von einer »Idealisierung« Katharinas, die »bis an die Grenze des literarisch Zulässigen und Überzeugenden« geht.[54] Insgesamt ist jedoch die Rezeption der Erzählung äußerst positiv ausgefallen, wenn auch die Springerpresse eine auffallend polemische Auseinandersetzung mit dem Text vorzog.[55]

Böll hatte mit dieser Erzählung eine dichterische Aussage gemacht, die von der politischen Realität wenige Jahre später eingeholt wurde. Die *Bild*-Zeitung kam indirekt an die

---

53 Dorothee Römhild, *Die Ehre der Frau ist unantastbar*, Pfaffenweiler 1991, S. 161
54 Rolf Michaelis, »Der gute Mensch von Gemmelsbroich«, in: *Die Zeit* vom 2. August 1974.
55 Rainer Nägele, *Heinrich Böll. Einführung in das Werk und in die Forschung*, Frankfurt a. M. 1977, S. 162. Bernd Balzer druckt in seiner Interpretation *Heinrich Böll. Die verlorene Ehre der Katharina Blum*, eine Reihe von Dokumenten zur Rezeption des Werks ab (Frankfurt a. M. 1994, S. 56–88).

Schaltstellen der politischen Macht, als ihr ehemaliger Chefredakteur Peter Boenisch zum Bundespressesprecher berufen wurde.[56]

Fürsorgliche Belagerung. Bölls vorletzter Roman erschien 1979 und weist einen unverkennbaren inneren Zusammenhang mit seiner Erzählung *Die verlorene Ehre der Katharina Blum* (1974) auf, aber auch mit seinen politischen Reden und Essays sowie mit der Satire *Berichte zur Gesinnungslage der Nation* (1975). Böll setzte mit dieser Erzählung seinen Beitrag zur Terrorismusdiskussion fort, wandte sich aber nicht nur den Opfern eingeschränkter Individual- und Freiheitsrechte, den Opfern einer gewagten Pressefreiheit und staatlichen Sicherheitspolitik zu, sondern warf den Blick auf die Initiatoren und Verantwortlichen, um aufzuzeigen, daß auch sie Leidtragende eines glänzend arrangierten Sicherheitssystems sind. »Die Probleme und Konflikte des Personals«, sagt Böll, »ergeben sich aus dem Wunsch nach und der Vorstellung von Sicherheit, einer möglichst totalen äußeren Sicherheit (die es nicht gibt)« (Böll, Einführung in die *Fürsorgliche Belagerung*, 74).
Im Mittelpunkt der skeptischen Geschichte stehen Fritz Tolm und dessen Kinder mit ihren weitverzweigten Verwandtschafts- und Freundschaftsbeziehungen. Fritz Tolm, gütig, sanft und liberal gesinnt, stammt aus einfachen Verhältnissen, arbeitete sich aber mit seinem »Blättchen« zum Verleger und vermögenden Konzernchef empor und wird schließlich zum Verbandspräsidenten gewählt. Er absolvierte eine typische deutsche Nachkriegskarriere: 1945 als politisch unbelastet eingestuft, erhielt er die Lizenz für die Herausgabe einer Provinzzeitung und konnte sein Zeitungsimperium erfolgreich aufbauen. Die Romanhandlung setzt am Tag nach seiner Wahl zum Präsidenten ein und

---

[56] Hierzu Balzer (Anm. 51), S. 51.

zeigt drei Tage aus dem Leben und Umfeld Tolms; jedes der 21 Kapitel wird aus der Sicht einer anderen Figur in erlebter Rede erzählt, wobei Erinnerungen und Reflexionen die Gegenwartshandlung ergänzen. Tolm, steinreich und mächtig geworden, muß nach seiner Wahl bewacht werden, da seine persönliche Sicherheit gefährdet erscheint. Es zeigt sich aber, daß diese Sicherheit, die er benötigt, um leben zu können, auch seine Lebensqualität gefährdet. Er und seine Familie werden *fürsorglich belagert*, beobachtet und belauscht: Böll schildert ein Überwachungssystem, das letztendlich das private Leben einschränkt und Angst erzeugt, bis Fritz Tolm schließlich begreift, daß die Gefahr nicht von außen kommen wird, etwa von sprengstoffgeladenen Vögeln, die vom Himmel auf ihn herabstürzen könnten, sondern daß die Gefahr auch von innen kommen kann, aus seinem Umfeld, sogar aus der eigenen Familie.

Böll breitet eine Familiengeschichte aus und entwirft eine weitläufige Personenkombination. Tolms Sohn Rolf ist gelernter Bankkaufmann, warf dann aber in Zeiten der APO Steine und zündete Autos an, weshalb er auch verhaftet und verurteilt wurde. Nach Entlassung aus der Haft, zog er sich mit seiner Freundin Katharina und ihren beiden Kindern aufs Land zurück. Seine Lebensgefährtin, Kommunistin und Opfer des Radikalenerlasses, ist arbeitslos und teilt mit Rolf die ländliche Scheinidylle. Veronica, seine erste Frau, distanzierte sich ebenfalls vom bürgerlichen Leben und ging mit ihrem und Rolfs Sohn Holger sowie mit Rolfs bestem Freund Bewerloh in den terroristischen Untergrund. Aus dem Nahen Osten schickte sie nun Holger zurück nach Deutschland.

Bewerloh wird unterdessen in Istanbul, bevor er ein Attentat ausführen kann, gestellt, tötet sich aber selbst, wobei auch ein türkischer Polizist sein Leben verliert und ein deutscher schwer verletzt wird. Veronica stellt sich dann dem Bundesgrenzschutz und gesteht einen geplanten An-

Fürsorgliche Belagerung

Heinrich Böll und seine Frau Annemarie 1978

schlag, den sie mit einem dynamitgeladenen Fahrrad durchzuführen beabsichtigte.
Fritz Tolm hat noch einen weiteren Sohn, Herbert, der Soziologie studierte und den reichen Vater durch Politaktionen provoziert. Endlich gibt es noch Tolms gutaussehende und gütige Tochter Sabine, die mit einem Industriellen verheiratet ist. Sabine sucht jedoch in ihrer Ehe Abwechslung und läßt sich in ein Liebesabenteuer mit einem Sicherheitsbeamten ein, der die Familie Tolm bewachen soll; sie erwartet von ihm ein Kind. Viele wundern sich, wie eine so gut abgeschirmte und beobachtete Frau schwanger werden kann, ohne aber zu ahnen, daß der Liebhaber ihr eigener Bewacher ist.
Böll erzählt auch von Bleibl, der Kontrastfigur zu Tolm: Bleibl war früher Nazi, machte gute Geschäfte als Kriegsgewinnler und überfiel gegen Ende des Kriegs eine Bank-

filiale, wobei er eine Frau erschoß. Der Mord blieb unaufgeklärt und konnte seiner Nachkriegskarriere in der bundesdeutschen Gesellschaft nicht hinderlich sein.
Gegen Ende des Romans wird dann wirklich der erwartete Anschlag verübt. Tolms siebenjähriger Enkel Holger, der von seiner Mutter nach Deutschland zum Vater geschickt worden war, zündet das Anwesen von Fritz Tolm, ein Schlößchen, an. Tolm trägt diesen Anschlag mit Fassung und lacht, als man ihm die Nachricht überbringt.
Tolms Welt ist untergegangen; er wird auch seinen Posten als Verbandspräsident wieder los, hatte er es doch gewagt, ordengeschmückt an der Beerdigung des Terroristen Bewerloh teilzunehmen, aber der angesetzten Beisetzung eines einflußreichen Kompagnons fernzubleiben. Am Grab gesteht schließlich Fritz Tolm seiner Frau, »daß ein Sozialismus kommen muß, siegen muß« (414). Ohne Resignation scheint das Leben von Fritz Tolm und dessen Ehefrau weiterzugehen, denn sie haben schon ein leerstehendes Pfarrhaus als Bleibe ins Auge gefaßt, wohin sie sich zurückziehen können.
Böll breitet in seinem Roman *Fürsorgliche Belagerung* mehrere Themen gleichzeitig aus. Hauptthema ist die Totalität der Überwachungsstrategie, die bis ins Intimste vordringt, letztendlich jedoch keinen Erfolg hat. In diesem Zusammenhang behandelt der Roman auch die Abkehr der Kinder von der Kirche und von ihren Eltern sowie den Anschluß an ein alternatives Leben, das auch zum Terrorismus führen kann. Die Kinder entfremden sich von Tolm, werden zu »Satellitenkindern«, als kämen sie von einem anderen Stern. Aber Tolm zeigt auch Verständnis für sie, auch Verständnis für die Gewalt, denn sie resultiert in seinen Augen letzten Endes doch aus dem gesellschaftlichen System. Terroristen sind nicht nur Feinde, sondern auch Personen, für deren Handeln man Verständnis aufzubringen hat, was Böll an dem Verhalten Tolms gegenüber der Person Bewerloh darstellt. Indem der Konzernchef und Verbandspräsident an

der Beisetzung Bewerlohs teilnimmt, verdeutlicht er, daß für ihn Terroristen nicht nur feindliche Menschen sind, die man irgendwo vergräbt, sondern auch Persönlichkeiten, denen wie anderen ein menschenwürdiges Begräbnis zusteht, für die man Trauer zu empfinden hat.
Im Gesamtwerk Bölls stellt der Katholizismus und die Auseinandersetzung mit der Lehre der Amtskirche ein sehr wichtiges Thema dar. Auch in diesem Roman kritisiert Böll die überlebte Sexualmoral und den Zölibatszwang, ohne allerdings eine tiefgreifende Beschäftigung mit diesen Fragen erkennbar werden zu lassen. Neben der Berufsverbotsproblematik wird auch die Umweltzerstörung angesprochen, der Braunkohletagebau, der ganze Landschaften und Siedlungen verschlingt und auch vor dem Anwesen der Tolms, dem Schlößchen, keinen Halt zu machen scheint.
Diese Themenvielfalt wird zu einem zentralen Kritikpunkt in den Romanbesprechungen des Sommers 1979. Wolfram Schütte wirft Böll vor, er habe »anläßlich seiner Werkausgabe« noch einmal alle seine Arbeiten, »vom ›Zug‹, der ›pünktlich (kam)‹, über ›Und sagte kein einziges Wort‹, ›Billard un halbzehn‹, ›Ansichten eines Clowns‹ bis ›Gruppenbild mit Dame‹ durchgelesen und sich vergegenwärtigt: so bognert und fähmelt, so schniert und pfeiffert es hier«[57], ohne allerdings diese Themen anläßlich der jüngsten Ereignisse in der Bundesrepublik Deutschland »fortzuschreiben«; Böll greife sie lediglich auf und handle sie ohne tiefer greifende Analyse ab. Der Vorwurf geht dahin, daß Böll in *Fürsorgliche Belagerung* idealisiere, während um ihn herum in Deutschland Chaos und Auflösung wahrgenommen würde.
In seiner Kritik an Bölls Roman ist sich Wolfram Schütte mit Marcel Reich-Ranicki einig. In seiner Rezension[58] greift

---

57 Wolfram Schütte, »Lauter nette Menschen«, in: *Frankfurter Rundschau* vom 4. August 1979.
58 Marcel Reich-Ranicki, »Nette Kapitalisten und nette Terroristen«, in: *Frankfurter Allgemeine Zeitung* vom 4. August 1979; auch abgedruckt in: Reich-Ranicki, *Mehr als ein Dichter* (Anm. 26), S. 99–107.

Reich-Ranicki die unüberschaubare Zahl der Personen auf und wendet sich gegen Bölls Stil: Der Vorwurf, Böll habe eine schlichte Sprachgestaltung gewählt, wird auch in anderen Kritiken hervorgehoben. So würden die Personen stereotypisiert, lediglich mit Adjektiven wie »nett«, »intelligent«, »ernst«, »gebildet«, »süß«, »frivol« kenntlich gemacht, als habe der Autor seine bewährten Mittel der literarischen Gestaltung vergessen. Besonders das Adjektiv »nett« habe es dem Autor angetan, denn er verwende es ständig als Schlüsselattribut. Fast alle Personen seien nett oder beinahe nett, worin Lothar Orzechowski einen »Kollaps eines Sprachvermögens oder [den] Spiegel einer sprachlosen Zeit« sieht.[59]

In einer Besprechung von Hans Jansen wird der Perspektivenwechsel als stilistisches Mittel des Romans hervorgehoben. Böll lasse die einzelnen Kapitel des Buchs aus unterschiedlichen Perspektiven der Beteiligten erzählen, ohne allerdings mit der Perspektive auch den Stil zu wechseln, denn alle Personen redeten im gleichen Jargon, was zu einer »kurzatmigen« »Aufzählungs- und Wiederholungsprosa« führe.[60]

Die Kritik greift aber auch einen zentralen inhaltlichen Punkt auf. Es ist eigentlich nicht klar, welchem Verband Tolm nach seiner Wahl zum Vorsitzenden vorstehe. Und am Schluß sieht Tolm die Notwendigkeit kommen, daß der Sozialismus siegen werde, obwohl nirgendwo im Roman dieser Aspekt diskutiert worden ist: Vom Sozialismus war nirgendwo die Rede, »vielmehr bekundete Tolm seine feste Bindung an den Katholizismus sowie seine undeutliche und herzliche Sympathie für Terroristen«, heißt es in der Besprechung von Reich-Ranicki. »So kann der Eindruck entstehen, daß der Sozialismus eine Art Synthese aus katholi-

---

59 Lothar Orzechowski, »Autor, dem es die Sprache verschlug«, in: *Hessisch-Niedersächsische Allgemeine* vom 10. August 1979.

60 Hans Jansen, »Zu Tode bewacht«, in: *Westdeutsche Allgemeine Zeitung* vom 14. August 1979.

Fürsorgliche Belagerung 141

*Heinrich Böll an seinem Schreibtisch
in Bornheim-Merten 1982*

schem Gemüt und terroristischer Energie ist.«[61] Die Hauptperson selbst ist unklar gestaltet. Obgleich Fritz Tolm als ein sehr erfolgreicher Zeitungsverleger dargestellt wird, besitzt er weder Kenntnis von den ökonomischen Bedingungen seines Unternehmens noch von den handwerklichen Bedingungen seines Gewerbes, lautet der Vorwurf von Rudolf Augstein.[62] »Kann man sich vorstellen«, fragt Reich-Ranicki, »daß es einem solchen Mann gelungen ist, eine außerordentliche Karriere zu machen [...]?«[63]
Demgegenüber sieht der Schriftstellerkollege Gerd Fuchs

---

61 Reich-Ranicki (Anm. 58), S. 107.
62 Rudolf Augstein, »Gepolter im Beichtstuhl«, in: *Der Spiegel* vom 30. Juli 1979. Denselben Vorwurf erhebt auch Bernhard Häussermann, »Auf Simmels Wegen zu Bölls Zielen«, in: *Hannoversche Allgemeine* vom 4. August 1979.
63 Reich-Ranicki, *Mehr als ein Dichter* (Anm. 26), S. 103 f.

Bölls Roman in einem anderen Licht. Während die jüngeren Schriftsteller angesichts der Intellektuellenhetze »um den heißen Brei herumgeschlichen« seien, habe Böll Stellung bezogen. »Böll, der in diesen Kampagnen am meisten Gebeutelte, hat sich nicht beirren lassen. Er hat mit den Tolms und Bleibls [...] abgerechnet, er hat mit einer Welt abgerechnet, die zu einem Teil auch seine Welt war. Herausgekommen ist eine Tragödie, aber eine optimistische.«[64] Helmut Gollwitzer nennt *Fürsorgliche Belagerung* ein »Buch des Verstehens«, in dem sich Bölls Menschenliebe widerspiegelt: »Das ist ein mit großer Liebe zu den Menschen geschriebenes Buch. Liebe heißt verstehen, und vom Bestreben des Verstehens bleibt keiner ausgeschlossen, nicht einmal der übelste Großkapitalist, der in der Nazizeit ebenso wie im Wirtschaftswunder immer sich oben haltende [...] und sein Schäfchen ins trockene bringende Bleibl, allenfalls die hartgesottenen technokratischen Manager am Rande und allenfalls auch der dem Verstehen sich entziehende Terrorist Bewerloh, der einzige, von dem es einmal heißt, er ›sei bis ins Mark verdorben‹. [...] Keiner ist ein Unmensch, jeder verlangt nach dem verweigerten Leben und kann noch Dank empfinden, wenn einer menschlich mit ihm umgeht.«[65] Insgesamt sei dieser Roman, ohne daß er, Helmut Gollwitzer, die früheren Bücher Bölls herabmindern wolle, sein menschlichstes.

---

64 Gerd Fuchs, »Der Niedergang einer Klasse als optimistische Tragödie«, in: *Die Neue* vom 15. August 1979.
65 Helmut Gollwitzer, »Die Gegenmacht der Menschlichkeit«, in: *Deutsches Allgemeines Sonntagsblatt* vom 29. Juli 1979.

IV. Literaturhinweise

1. Werkausgaben

Das schriftstellerische Werk Heinrich Bölls ist mittlerweile in verschiedenen Ausgaben von mehreren Verlagen verlegt. Zitate aus Werken werden im Text durch eine Sigle und die jeweilige Seitenzahl nachgewiesen.

Heinrich Böll: Werke. Romane und Erzählungen 1947–1977. Hrsg. von Bernd Balzer. 5 Bde.
Köln: Kiepenheuer & Witsch, 1977. [W 1–W 5.]
W 1 Romane und Erzählungen 1947–1951.
W 2 Romane und Erzählungen 1951–1954.
W 3 Romane und Erzählungen 1954–1959.
W 4 Romane und Erzählungen 1961–1970.
W 5 Romane und Erzählungen 1971–1977.
Heinrich Böll: In eigener und anderer Sache. Schriften und Reden 1952–1985. 9 Bde.
München: Deutscher Taschenbuch Verlag, 1985. [I–IX.]
I Zur Verteidigung der Waschküchen. 1952–1959.
II Briefe aus dem Rheinland. 1960–1963.
III Heimat und keine. 1964–1968.
IV Ende der Bescheidenheit. 1969–1972.
V Man muß immer weitergehen. 1973–1975.
VI Es kann einem bange werden. 1976–1977.
VII Die »Einfachheit« der »kleinen« Leute. 1978–1981.
VIII Feindbild und Frieden. 1982–1983.
IX Die Fähigkeit zu trauern. 1984–1985.
Heinrich Böll: Zum Tee bei Dr. Borsig. Hörspiele. München: Deutscher Taschenbuch Verlag, 1964. [Hörspiele.]
Heinrich Böll: Freies Geleit für Ulrike Meinhof. Ein Artikel und seine Folgen. Zusammengest. von Frank Grützbach. Köln: Kiepenheuer & Witsch, 1972.
Heinrich Böll / Christian Linder: Drei Tage im März. Ein Gespräch. Köln: Kiepenheuer & Witsch, 1975. [B/L, Drei Tage.]
– / Dieter Wellershoff: Gruppenbild mit Dame. Ein Tonband-Interview. In: Renate Matthaei (Hrsg.): Die subversive Madonna. Ein Schlüssel zum Werk Heinrich Bölls. Köln: Kiepenheuer & Witsch, 1975. S. 141–155. [B/W, Gruppenbild.]

Querschnitte. Aus Interviews, Aufsätzen und Reden von Heinrich Böll. Zusammengest. von Viktor Böll und Renate Matthaei. Köln: Kiepenheuer & Witsch, 1977. [Querschnitte.]
Heinrich Böll: Fürsorgliche Belagerung. Roman. Köln: Kiepenheuer & Witsch, 1979.
Einführung in die *Fürsorgliche Belagerung*. In: Heinz Ludwig Arnold (Hrsg.): Heinrich Böll. München: Edition Text und Kritik, 1982. (Text und Kritik 33.) S. 74 f.
Heinrich Böll: Wir kommen von weit her. Gedichte. Mit Collagen von Klaus Staeck. Göttingen: Steidl, 1986.
– Der Engel schwieg. Roman. Mit einem Nachw. von Werner Bellmann. Köln: Kiepenheuer & Witsch, 1992.
– Der blasse Hund. Erzählungen. Mit einem Nachw. von Heinrich Vormweg. Aus dem Nachlaß hrsg. von Annemarie Böll [u. a.]. Köln: Kiepenheuer & Witsch, 1995.

2. Bibliographien

Die literaturwissenschaftlichen Arbeiten über das Werk Bölls sind bereits in mehreren Bibliographien erfaßt, weshalb hier nur ausgewählte Titel berücksichtigt werden.

Rademacher, Gerhard (Hrsg.): Heinrich Böll. Auswahlbibliographie zur Primär- und Sekundärliteratur. Mit einleitenden Textbeiträgen von und über Heinrich Böll. Bonn 1989.
Sowinski, Bernhard: Heinrich Böll. Stuttgart/Weimar 1993, S. 176 bis 211.
Vogt, Jochen: Heinrich Böll. Werkverzeichnis, Sekundärliteratur. In: Heinz Ludwig Arnold (Hrsg.): Kritisches Lexikon zur deutschsprachigen Gegenwartsliteratur. München o. J. (26. Nachlieferung.)

3. Darstellungen von Leben und Werk

Balzer, Bernd: Anarchie und Zärtlichkeit. In: Heinrich Böll: Werke. Bd. 1. Köln 1977. S. [9–128.]
Hoffmann, Christine Gabriele: Heinrich Böll. Eine Biographie. Bornheim-Merten 1986.

Jeziorkowski, Klaus: Heinrich Böll. In: Deutsche Dichter. Leben und Werk deutschsprachiger Autoren. Hrsg. von Gunter E. Grimm und Frank Rainer Max. Bd. 8: Gegenwart. Stuttgart 1994. S. 208–226.
Lengning, Werner (Hrsg.): Der Schriftsteller Heinrich Böll. Ein biographisch-bibliographischer Abriß. München 1972.
Linder, Christian: Heinrich Böll. Leben und Schreiben 1917–1985. Köln 1986.
Reid, J. H.: Heinrich Böll. Ein Zeuge seiner Zeit. München 1991.
Sowinski, Bernhard: Heinrich Böll. Stuttgart/Weimar 1993.
Vogt, Jochen: Heinrich Böll. München ²1987.
– Heinrich Böll. In: Heinz Ludwig Arnold (Hrsg.): Kritisches Lexikon zur deutschsprachigen Gegenwartsliteratur. München o. J. (26. Nachlieferung.)

4. Weiterführende Literatur

Balzer, Bernd: Humanität als ästhetisches Prinzip – Die Romane Heinrich Bölls. In: Beth (Hrsg.) 1980. S. 41–67.
– (Hrsg.): Heinrich Böll 1917–1985. Bern / Berlin / Frankfurt a. M. / New York / Paris / Wien 1992.
Batt, Kurt: Revolte intern. Betrachtungen zur Literatur in der BRD. Leipzig 1974.
Beth, Hanno (Hrsg.): Heinrich Böll. Eine Einführung in das Gesamtwerk in Einzelinterpretationen. Königstein i. Ts. 1980.
Busse, Karl Heiner: Zu wahr, um schön zu sein – Frühe Publikationen. In: Balzer (Hrsg.) 1992. S. 25–41.
Die Gruppe 47. Bericht, Kritik, Polemik. Ein Handbuch. Hrsg. von Reinhard Lettau. Neuwied/Berlin 1967.
Durzak, Manfred: Der deutsche Roman der Gegenwart. Stuttgart/ Berlin/Köln/Mainz ²1973.
– Gespräche über den Roman. Formbestimmungen und Analysen. Frankfurt a. M. 1976.
Falk, Walter: Epochale Hintergründe der antiautoritären Bewegung. Ein Beitrag zur literaturwissenschaftlichen Diagnose der Sozialgeschichte. Frankfurt a. M. / Bern 1983.
– Heinrich Böll (geb. 1917) oder der Christ als Außenseiter. In: Falk 1983. S. 125–143.

Köllerer, Christian: Heinrich Bölls Konzeption von Literatur zwischen Moral und sozialer Erfahrung. Eine Einführung. Frankfurt a. M. 1990.

Lehnick, Ingo: Änderungen der narrativen Strategie bei Heinrich Böll und ihre Hintergründe. Bern / Berlin / Frankfurt a. M. / New York/Paris/Wien 1996.

Matthaei, Renate (Hrsg.): Die subversive Madonna. Ein Schlüssel zum Werk Heinrich Bölls. Köln 1975.

Nägele, Rainer: Heinrich Böll. Einführung in das Werk und in die Forschung. Frankfurt a. M. 1976.

– Heinrich Böll. Die große Ordnung und die kleine Anarchie. In: Hans Wagener (Hrsg.): Gegenwartsliteratur und Drittes Reich. Deutsche Autoren in der Auseinandersetzung mit der Vergangenheit. Stuttgart 1977. S. 183–204.

Reich-Ranicki, Marcel (Hrsg.): In Sachen Böll. Ansichten und Einsichten. München 1971.

– Mehr als ein Dichter. Über Heinrich Böll. Köln 1986.

Römhild, Dorothee: Die Ehre der Frau ist unantastbar. Das Bild der Frau im Werk Heinrich Bölls. Pfaffenweiler 1991.

Schröter, Klaus: Heinrich Böll. Mit Selbstzeugnissen und Bilddokumenten. Reinbek ⁶1993.

Schwarz, Wilhelm Johannes: Der Erzähler Heinrich Böll. Bern 1968.

Sowinski, Bernhard: Heinrich Böll. Stuttgart/Weimar 1993.

Vormweg, Heinrich: Böll vor 1945. In: Balzer (Hrsg.) 1992. S. 15 bis 23.

Wirth, Günter: Heinrich Böll. Religiöse und gesellschaftliche Motive im Prosawerk. Köln 1987.

5. Zu den interpretierten Erzählungen und Romanen

Der Zug war pünktlich

Abu Hasha, Abd-Allah M.: Gesellschaftskritik in Romanen der fünfziger Jahre: Untersuchungen zur literarischen Darstellung des »Milieus« bei Heinrich Böll und Nagib Mahfuz. Münster 1986. S. 57–62.

Reid, J. H.: Heinrich Böll. Ein Zeuge seiner Zeit. München 1991. S. 77–80.

Vogt, Jochen: Heinrich Böll. München ²1987. S. 35–40.
Wirth, Günter: Das christliche Menschenbild bei Böll und Bobrowski. Berlin 1969. S. 44–57.

Wanderer, kommst du nach Spa ...

Durzak, Manfred: Die deutsche Kurzgeschichte der Gegenwart. Autorenporträts, Werkstattgespräche, Interpretationen. Stuttgart 1980. S. 324–327.
Gelfert, Hans-Dieter: Wie interpretiert man eine Novelle und eine Kurzgeschichte? Stuttgart 1993. S. 161–165.
Lauschaus, Leo: Heinrich Böll: *Wanderer, kommst du nach Spa ...* In: Der Deutschunterricht 10 (1958) Heft 6. S. 75–86.
Sowinski, Bernhard: Heinrich Böll: Kurzgeschichten. München 1988. S. 38–51.
Ulshöfer, Robert: Unterrichtliche Probleme bei der Arbeit mit der Kurzgeschichte. In: Der Deutschunterricht 10 (1958) Heft 6. S. 5 bis 35.
Weber, Albrecht: *Wanderer, kommst du nach Spa ...* In: Interpretationen zu Heinrich Böll. Kurzgeschichten I. München 1965. S. 42–65.

Die Waage der Baleks

Cases, Cedare: *Die Waage der Baleks*, dreimal gelesen. In: Marcel Reich-Ranicki (Hrsg.): In Sachen Böll. Ansichten und Einsichten. München 1971. S. 172–178.
Sowinski, Bernhard: Heinrich Böll: Kurzgeschichten. München 1988. S. 93–100.
Stückrath, Jörn: Heinrich Böll: *Die Waage der Baleks*. In: Jakob Lehmann (Hrsg.): Deutsche Novellen von Goethe bis Walser. Bd. 2. Königstein i. Ts. 1980. S. 237–260.
Vogt, Jochen: Das falsche Gewicht. Oder: Vom armen H. B., der unter die Literaturpädagogen gefallen ist. In: Hanno Beth (Hrsg.): Heinrich Böll. Eine Einführung in das Gesamtwerk in Einzelinterpretationen. Königstein i. Ts. 1980. S. 129–148.

Nicht nur zur Weihnachtszeit

Feinäugle, Norbert: Heinrich Böll: *Nicht nur zur Weihnachtszeit*. Satiren. In: Gerhard Haas (Hrsg.): Literatur im Unterricht. Stuttgart 1982. S. 156–175.
Sowinski, Bernhard: Heinrich Böll. Satirische Erzählungen. München 1988. S. 15–34.

Das Brot der frühen Jahre

Durzak, Manfred: Der deutsche Roman der Gegenwart. Stuttgart/Berlin/Köln/Mainz ²1973. S. 49–60.
Leider, Peter: Heinrich Böll: *Das Brot der frühen Jahre. Ansichten eines Clowns*. Hollfeld 1975.

Billard um halbzehn

Abu Hasha, Abd-Allah M.: Gesellschaftskritik in Romanen der fünfziger Jahre: Untersuchungen zur literarischen Darstellung des »Milieus« bei Heinrich Böll und Nagib Mahfuz. Münster 1986. S. 138–146.
Horst, Karl August: Überwindung der Zeit. In: Werner Lengning (Hrsg.): Der Schriftsteller Heinrich Böll. München 1972. S. 67–71.
Jeziorkowski, Klaus: Rhythmus und Figur. Zur Technik der epischen Konstruktion in Heinrich Bölls *Der Wegwerfer* und *Billard um halbzehn*. Bad Homburg 1968.
– Die Schrift im Sand. In: Bernd Balzer (Hrsg.): Heinrich Böll 1917–1985. Bern/Berlin [u. a.] 1992. S. 135–162.
Kügler, Hans: Heinrich Böll: *Billard um halbzehn*. Zeit – Zeiterfahrung – Geschichtsbewußtsein. In: Jakob Lehmann (Hrsg.): Deutsche Romane von Grimmelshausen bis Walser. Bd. 2. Königstein i. Ts. 1982. S. 413–432.
Vogt, Jochen: Heinrich Böll. München ²1987. S. 62–76.

Ansichten eines Clowns

Balzer, Bernd: *Ansichten eines Clowns*. Grundlagen und Gedanken zum Verständnis erzählender Literatur. Frankfurt a. M. 1995.
Götze, Karl Heinz: Heinrich Böll: *Ansichten eines Clowns*. Theseus, der nette Narr. Aus dem klassischen Altertum der Bundesrepublik. In: Interpretationen: Romane des 20. Jahrhunderts. Bd. 2. Stuttgart 1993. S. 186–211.
Meid, Marianne: Erläuterungen und Dokumente: Heinrich Böll: *Ansichten eines Clowns*. Stuttgart 1993.
Morgenthaler, Erwin: Heinrich Böll. Vom Zeitgenossen zum literarischen Vertreter einer Epoche. In: deutsch betrifft uns 3 (1991) Heft 9.

Gruppenbild mit Dame

Durzak, Manfred: Der deutsche Roman der Gegenwart. Stuttgart/Berlin/Köln/Mainz ²1973, S. 96–116.
– Heinrich Bölls epische Summe? Zur Analyse und Wirkung seines Romans *Gruppenbild mit Dame*. In: Basis 3 (1972) S. 174–197.
Heißenbüttel, Helmut / Hans Schwab-Felisch: Wie man dokumentarisch erzählen kann. In: Merkur 25 (1971) S. 911–914.
Lehnhardt, Eberhard: Das Prosawerk Heinrich Bölls von *Haus ohne Hüter* bis *Gruppenbild mit Dame*. Urchristentum und Wohlstandsgesellschaft. Bern 1984.
Matthaei, Renate (Hrsg.): Die subversive Madonna. Ein Schlüssel zum Werk Heinrich Bölls. Köln 1975.
Reid, J. H.: Heinrich Böll. Ein Zeuge seiner Zeit. München 1991. S. 226–237.
Vogt, Jochen: Heinrich Böll. München ²1978. S. 104–119.

Die verlorene Ehre der Katharina Blum

Balzer, Bernd: Heinrich Böll: *Die verlorene Ehre der Katharina Blum*. Frankfurt a. M. 1990.
Bollmann, Werner: *Die verlorene Ehre der Katharina Blum oder: Wie Gewalt entstehen und wohin sie führen kann*. In: Interpretationen: Erzählungen des 20. Jahrhunderts. Bd. 2. Stuttgart 1996. S. 183–204.

IV. Literaturhinweise

Beth, Hanno: Rufmord und Mord: die publizistische Dimension der Gewalt. In: H. B. (Hrsg.): Heinrich Böll. Eine Einführung in das Gesamtwerk. Königstein i. Ts. 1980. S. 69–95.

Böll, Heinrich: Freies Geleit für Ulrike Meinhof. Ein Artikel und seine Folgen. Köln 1972.

Kicherer, Friedhelm: Heinrich Böll: *Die verlorene Ehre der Katharina Blum oder: Wie Gewalt entstehen und wohin sie führen kann*. Analysen und Interpretationen mit didaktisch-methodischen Hinweisen zur Unterrichtsgestaltung. Hollfeld 1985.

Ludwig, Gerd: *Die verlorene Ehre der Katharina Blum oder: Wie Gewalt entstehen und wohin sie führen kann*. Eine literarische Auseinandersetzung mit dem Sensationsjournalismus. Hollfeld ^{7}1986.

Sölle, Dorothee: H. Böll und die Eskalation der Gewalt. In: Merkur 28 (1974).

Sowinski, Bernhard: *Die verlorene Ehre der Katharina Blum oder: Wie Gewalt entstehen und wohin sie führen kann*. Interpretation. München 1994.

Fürsorgliche Belagerung

Materialien zur Interpretation von Heinrich Bölls *Fürsorgliche Belagerung*. Köln 1981.

Smith, Stephen: Schizos Vernissage und die Treue der Liebe. In: Hanno Beth (Hrsg.): Heinrich Böll. Eine Einführung in das Gesamtwerk. Königstein i. Ts. 1980. S. 98–128.

V. Abbildungsnachweis

7 Heinrich Böll 1952. Foto: Hans E. Lenz, Bergisch Gladbach.
21 Heinrich Böll mit seinen Kindern Raimund, Vincent und René (v. l.) 1952. Foto: Peter Fischer. © Historisches Archiv der Stadt Köln.
39 Heinrich Böll und Alexander Solschenizyn 1974. Foto: J. H. Darchinger, Bonn.
65 Heinrich Böll in seiner Bibliothek 1952. Foto: Peter Fischer. © Historisches Archiv der Stadt Köln.
77 Heinrich Böll 1953. Foto: Hans E. Lenz, Bergisch Gladbach.
103 Heinrich Böll 1976. Foto: Isolde Ohlbaum, München.
115 Heinrich Böll Mitte der siebziger Jahre. Foto: Toni Richter, München.
127 Karikatur von Klaus Staeck zu den Vorgängen um *Die verlorene Ehre der Katharina Blum* (1975). © Klaus Staeck, Heidelberg.
137 Heinrich Böll und seine Frau Annemarie 1978. Foto: Kurt Wyss, Basel.
141 Heinrich Böll an seinem Schreibtisch in Bornheim-Merten 1982. Foto: René Böll. © Siegfried Pater, Bonn.

Die Fotovorlagen stellte uns freundlicherweise das Heinrich-Böll-Archiv Köln zur Verfügung.

Literaturwissen für Schule und Studium

Heinrich Böll. Von Helmut Bernsmeier. 151 S. 10 Abb. UB 15211

Bertolt Brecht. Von Franz-Josef Payrhuber. 176 S. 9 Abb. UB 15207

Max Frisch. Von Klaus Müller-Salget. 141 S. 10 Abb. UB 15210

Johann Wolfgang Goethe. Von Kurt Rothmann. 158 S. 10 Abb. UB 15201

Hermann Hesse. Von Helga Esselborn-Krumbiegel. 115 S. 9 Abb. UB 15208

Franz Kafka. Von Carsten Schlingmann. 168 S. 11 Abb. UB 15204

Gottfried Keller. Von Klaus-Dieter Metz. 143 S. 7 Abb. UB 15205

Heinrich von Kleist. Von Sabine Doering. 123 S. 10 Abb. UB 15209

Gotthold Ephraim Lessing. Von Wolfgang Kröger. 106 S. 10 Abb. UB 15206

Thomas Mann. Von Ulrich Karthaus. 115 S. 7 Abb. UB 15203

Theodor Storm. Von Winfried Freund. 136 S. 6 Abb. UB 15202

Philipp Reclam jun. Stuttgart